從歷史的終結到民主的崩壞
法蘭西斯・福山講座

From the End of History
to the Decline of Democracy

Francis Fukuyama

長風文教基金會

Fair Winds Foundation

第二場　中美爭鋒及其影響　121

問與答　159

序

江宜樺　長風文教基金會董事長

長風文教基金會於二〇一七年一月正式成立，福山教授應邀於四月來臺演講，是長風成立後第一場公開活動。

長風文教基金會以「提升公民文化素養、協助青年連結國際」為宗旨，透過政策研究、專題演講、青年論壇、學生營隊、國際交流等活動，鼓勵社會大眾及青年學生共同探討臺灣未來發展的願景與策略，並以建立社群網絡、分享研究成果等方式，進一步發揮思想交流的功能。

在我們舉辦的各項活動中，以「長風講座」最受外界矚目。我們針對全球重要發展趨勢，以及臺灣面臨的機遇與挑戰，邀請重量級思想家、政治家、企業家或社會實務工作者，舉辦重大議題的公開演講及座談，希望能夠引起社會大眾對這些議題的關注，並深入思考因應之道。

法蘭西斯・福山（Francis Fukuyama）無疑是「長風講座」的首選，因為他在三十年前提出的「歷史終結論」，曾引發全球思想界的大辯論；而他在近幾年提倡的「治亂興衰論」，又再度吸引各界眼光，刺激大家去思考中西治理模式優劣得失的問題。三十年來，福山著述不斷，卓見迭出，謂之為當代最具分量的政治理論家絕不為過。

福山教授在一九八九年夏天發表了一篇名為〈歷史的終結？〉的文章，引用黑格爾歷史哲學的觀點，主張人類即將見證的不只是「冷戰的終結」，而且是「歷史的終結」，因為從意識形態發展的歷程來看，西方的自由民主體制必然成為人類最終的選擇。這篇文章引起知識界激烈辯論，沒想到幾個月後，東歐共產國家逐一崩潰，而蘇聯也在一九九一年瓦解。福山驚人的歷史洞見，讓他聲譽鵲起，而「歷史終結論」更成為當代顯學。

然而，福山並沒有自滿於「歷史終結論」的理論成就。他在繼續閱讀大量歷史文獻，深入考察世界各國的政治制度之後，於二〇一一年、二〇一四年陸續出版《政治秩序的起源》，以及《政治秩序與政治衰敗》，建構了一個體大思精的「治亂興衰論」，不再以西方自由民主體制為人類制度選擇的唯一依歸，而主張任何長治久安的政治制度，都必須兼具強大的國家治理能力、重視法治的文化，以及民眾可以向政府課責的制度。

從這個新的理論視野出發，福山認為東西方的政治制度各有所長。中國的國家治理能力早在春秋戰國時期及秦代就已經令人刮目相看，印度及猶太民族的法治觀念建立得最早，而政治問責制度則是近現代西方國家的強項。總體而言，他仍然認為目前以西方的自由民主體制較為完善，尤其是北歐國家在這三個方面，都具備長治久安的基礎。但是，他對東方國家的優點是願意肯定的，尤其是中國改革開放以來所展現的政府效能。同時，他對英美國家政府效能的不滿，也經常溢於言表，尤其是當前美國政府的失能，更被他痛斥為「否決政治」（vetocracy）的結果，因為種種制度及政治力量的過度制衡，政府已經淪落到一事無成的地步。

福山對美國民主政治的憂慮，隨著川普（Donald Trump）當選總統，而更加無法釋懷。對他而言，美國社會多年來已經因為種種認同議題而嚴重分裂，此時川普利用美國民眾對傳統政治人物及既得利益集團的不滿，成功掀起一股右翼民粹主義（right-wing populism）的風潮，讓美國陷入更加歇斯底里、更加排外封閉、更加分裂對立的情境。川普的入主白宮，不僅預告了美國民主制度即將遭受民粹主義的衝擊，而且更重要的，美國自二次世界大戰之後辛苦打造的自由主義國際秩序，會不會也因為川普的「美國優先」政策，而開始一步一步崩解？

我們正是基於對這個全球變局的關注，而決定力邀福山教授來臺擔任長風講座，好讓大家對美國政治的最新發展、對世界政經體系的可能變化，以及對中美兩強爭鋒下的臺灣究竟有何影響，從一流大師的分析中獲得啟迪。

本次講座在二〇一七年四月舉辦，講座主題訂為〈從歷史的終結到民主的崩壞〉，期間包括兩場活動：第一場在四月十四日下午舉辦，由福山教授發表以「自由主義國際秩序的崩解？」（The End of the Liberal International Order）為題的演講；第二場在四月十五日下午舉辦，由中研院院士朱雲漢先生與福山先生進行深度對談，題目是「中美爭鋒及其影響」。兩場活動都吸引了很多觀眾，同時間也進行直播，讓無法出席的朋友，可以在網路上欣賞福山教授的精采演說。

在第一場演講中，福山表示，二戰之後美國所建立的「自由主義國際秩序」，在經濟上促進了人才、物資、觀念與資金的流動，催生了關稅暨貿易總協定（ＧＡＴＴ）、世界貿易組織（ＷＴＯ）、北美自由貿易協定（ＮＡＦＴＡ）及歐盟等組織或協定。在政治上，美國也透過建立北大西洋公約組織（ＮＡＴＯ）、美日安保條約以及美國與韓國的軍事合作等等，和許多國家建立密切的夥伴關係。美國原本是這個國際體系的中心，但這個體系因為美國國力的衰退，以及其他國家的崛起，正在逐漸動搖。

福山指出，從一九七〇年代到二〇〇八年金融海嘯之前，全球化進程使得世界經濟規模成長了四倍，但它的好處並沒有讓全人類共享。在美國，最富有的百分之十人口擁有百分之八十的收入，最富有百分之一的收入則是最貧窮百分之二十五的總和。過去兩個世代發展下來，這個自由主義的國際秩序造成的結果是貧富懸殊，藍領勞工階級反彈。二〇一六年十一月美國總統大選，希拉蕊輸掉了威斯康辛、賓州、密西根三個傳統上堅決支持民主黨的工業州，使得川普成功地當選美國總統。

福山對於川普能否順利推展新政，基本上是比較悲觀的。他尤其擔心川普不願意維護自由主義國際體系，讓全球逐漸朝向右翼民粹主義的方向發展。除了川普之外，俄羅斯的普丁、土耳其的艾爾多安、匈牙利的歐爾班等領袖，都是強勢的民粹政治人物。而在歐盟內部，由於若干國家存在財政困頓、難民湧入、認同分歧等問題，同樣遭遇右派民粹運動的挑戰。至於在亞洲方面，民粹主義多半由上而下發動，跟歐美的草根運動有些不同。但世界各地的民粹風潮都對憲政民主構成威脅，也是自由主義國際體系發生動搖的原因。

在第二場關於中美爭鋒的對談中，福山先表示在經濟方面，中美之間存在較多「競爭與合作」的機會，但如果是在國家發展策略上，則是零和遊戲的局面。他以跨太平洋夥伴關係（The Trans-Pacific Partnership, TPP）為例，認為歐巴馬總統將這個協議當成一個戰略倡議來推動，而不只是經濟倡議，因為美國並未邀請中國加入。而在亞投行的議題上，歐巴馬認為中國是想在國際上建立霸權地位，因此採取抵制的做法。但是顯然歐巴馬的決定並不明智，因為包括日本在內的盟邦都沒有配合美國的做法。

福山認為中國很難扮演美國在二戰之後的國際角色，也就是說，無法成為一個國際社會創造公共財的世界強權。原因在於中國長期以來是國際體系的受益者，再加上中國內部存在著政權正當性的問題。目前中共政權的正當性來自於經濟成長，萬一將來中國的經濟成長率下降，福山認為中國政府可能會採取操弄民族主義的方式來對抗國際社會，藉以轉移國內民眾的不滿，而這是非常危險的。

擔任與談人的朱雲漢院士則認為，中國其實並不想接任美國的世界霸權角色，而是以自己在各個區域建立「區域加一」平台的方式來拓展自己的國際影響力，像是「一帶一路」的經濟建設輸出，以及亞投行的國際銀行機制，在許多領域都有相對於美國的平衡政策。未來哪個國家較能促進新興國家經濟體之間的共識，進而推動全球治理的行動計畫，將是中美之間真正的競爭關鍵。

福山教授的兩場講座活動，除了分享他對美國政局及中美關係的看法，也讓我們有機會進一步思考民粹主義對民主政治的衝擊。誠如福山所言，當前許多國家都出現民粹主義運動，並對既有的民主體制構成嚴重挑戰，因此如何因應民粹主義、維護民主的價值，就更值得大家深入思考。

民粹主義（populism）是一個廣泛使用、但內涵模糊的概念。根據Margaret Canovan的研究，民粹主義大體上可以分成「農民民粹主義」及「政治民粹主義」兩大類型。農民民粹主義是一個國家在現代化過程中，鄉下農民因為遭受都市資本階級的剝削，憤而訴諸群眾運動反抗當局的現象，例如十九世紀末葉俄國的農民運動、美國西南部農民及工人支持的「民眾黨」運動等。政治民粹主義則是政治人物為了掌握權力，以討好群眾的口號及政策，煽動民眾熱情追隨的現象，例如二次大戰之前希特勒的崛起，以及二十世紀中葉阿根廷裴隆總統號召的「社會公平運動」等。

就第一個例子來講，俄國的農民民粹主義是十九世紀末葉，某些俄國知識分子回歸農村，企圖協助農民對抗資本主義入侵的一個悲劇性運動。這些激進的知識分子相信俄羅斯文化的靈魂在於傳統農村的共同生活，以及農民的純樸信念。他們希望藉由「回到人民之中」，帶領農民抗拒現代化的浪潮，以實現某種農民社會主義。但是俄國農民懷疑他們的動機，甚至出賣他們。最後民粹派知識分子採取恐怖手段刺殺了俄皇亞歷山大二世，但也因此遭到政府的強力鎮壓而土崩瓦解，其部分殘存者漸向政府妥協靠攏。

美國的農民民粹主義，則指涉約略同一時期發生在美國西南部的農民運動。當時鄉間的小農階級有感於生計全然操縱在東部工業資本家、銀行家、鐵路業者與大盤商等的手裡，而兩大政黨又對他們的訴求充耳不聞，於是他們喊出「讓共和政府重回人民手中」的口號，組成「民眾黨」以爭取自己的福祉。民眾黨聲勢於一八九六年達到巔峰，但是他們所推出的總統候選人仍然敵不過共和黨人而功敗垂成。

相對於前述兩種以農民運動為主體的民粹主義，政治意義上的民粹主義，則是指政治人物知道如何迎合民眾所好，煽起民眾的狂熱支持，而進行獨裁統治的政治風潮。納粹德國的希特勒是個具有群眾魅力的煽動家，他利用一次戰後德國民眾企盼復興強盛的心理，以及對猶太人的鄙夷憎恨，成功贏得了選舉，並一步一步把德國帶向二次世界大戰。阿根廷裴隆政權也是這種政治民粹主義的範例，因為裴隆總統及其夫人艾薇塔確實獲得阿根廷民眾的熱烈支持，但其威權統治實際上踐踏了議會民主的理想。

我們當前所面臨的挑戰，屬於政治民粹主義風潮再起的衝擊。以美國為例，川普在競選過程中，掌握選民痛恨華府既得利益集團的心理，以及擔心外來移民搶走工作或產生恐怖主義的疑慮，而提出許多迎合特定階層選民的激情主張，包括逮捕希拉蕊、在美墨邊界築牆、支持恢復刑求、緊縮移民政策、強調美國優先、退出自由貿易協議等等。他也把美國國力的衰弱，歸咎於華府政商關係的腐敗、不公平貿易造成美國的失業，以及外來移民帶來的國家安全問題。他的政治論述簡化問題，而競選風格偏激、浮誇、激起社會對立，但是他善用社群媒體推波助瀾的力量，當上了美國總統。

川普的當選，替歐洲各國的右翼民粹主義打了一劑強心針，包括英國的獨立黨、法國的國家陣線、德國的另類選擇黨、荷蘭的自由黨、義大利的五星運動等，都趁勢崛起。事實上，近二十年來全球化經貿模式使得貧富不均的問題日益嚴重，而人口的自由移動也讓歐盟國家處理移民問題倍感吃力。伊斯蘭國恐怖主義的興起、敘利亞內戰導致的難民潮，都加劇了歐洲民眾敵視外來移民的情緒。英國脫歐公投過關，不止宣告了歐盟區域整合理想的挫敗，也鼓勵了各國右翼政黨訴求以公投方式表達對歐盟決策的不滿。雖然二〇一七年的選舉結果，荷蘭、法國、奧地利都暫時讓人鬆了一口氣，但右翼民粹主義的挑戰還沒有結束。

各國民粹主義運動的內涵差異很大，但它們幾乎都具備下列特色：第一，在社會快速變遷的過程中，產生許多未蒙其利、只受其害的民眾，他們對現有政治、經濟體制強烈不滿，感覺自己是被社會遺棄的邊緣人，這是民粹主義群眾運動的溫床。第二，政治人物掌握到社會大眾的不滿，以簡單有力、煽情激動的口號，號召群眾起來推翻現有體制。他們通常設法讓民眾相信自己「真正代表廣大基層民眾」，可以帶領民眾對抗那些腐敗的「少數菁英統治」。第三，為了立竿見影，民粹政治領袖常常訴諸「體制外」、「非典型」、甚至違憲違法的手段，來做出迎合群眾口味的事情。只要能夠激起民眾的熱情，即使侵犯基本人權也無所謂。第四，為了表示自己跟既有的腐敗體制不一樣，民粹型政治人物喜歡自我標榜為「素人」，也比較擅長吸引原本對政治冷漠群眾的支持。

民粹政治的風潮，不僅出現在美國，也席捲了英國、歐洲及亞洲許多國家，可以說是一個令人憂心的全球新趨向。雖然各地民粹主義形成的原因及性質不同，但是它們都嚴重威脅到自由主義政治秩序，為全球政經發展投入鉅大變數。

固然有些理論家強調，民粹主義跟民主政治一樣，都訴求「捍護人民的利益」，同時也都鼓勵社會大眾積極參與政治，以求改變既有狀況。從這個角度講，民粹主義可以說是內建於民主政治之中，只要有民主動員，就可能出現民粹主義。而民粹主義的回歸群眾，正好可以矯正民主政治的欠缺。但是，民主政治畢竟與民粹主義有一些根本差異，如果不仔細分辨並掌握其出入，民主將為民粹所冒用，而傷害到憲政、自由、法治的基礎。

憲政民主體制以自由主義為基礎，既不歡迎煽動型的魅力領袖，也不贊成否定議會制度的行為。自由主義關心的是維護基本人權，也主張政治權力必須受到節制。在早期，自由主義抵抗專制政府的壓迫；在晚近，自由主義提防社會多數輿論的專橫。因此相對於民粹主義的基本傾向而言，自由主義所建立的民主政治有如下幾點堅持。第一，多談人民的權利，少談人民的意志，因為「人民意志」是政治人物最擅於妄加詮釋的名詞。第二，選舉是人民定期監督政府的程序設計，選票是同不同意某人繼續執政的表示，並非人民所有價值的凝聚，因此不可作為合理化所有政策或權利鬥爭的藉口。第三，代議政治仍然是一個比較可行的制度，雖然自由民主體制鼓勵民眾盡量參與以有效督促議員，但是議會制度不能完全繞過不用，政治人物也不能光看民意調查的結果而放棄自己綜合判斷的責任。因為即使是在民主政治中，「導引民眾改變意見」與「順應民眾意見」還是要維持一定的平衡。第四，無論一個政治人物民意支持度多高，他仍然不可以濫權，尤其不可以漠視法治的框架，違法遂行自己的主張。自由主義者固然反對君主的專制，也反對民主的專制。

簡言之，我們看待民粹與民主混淆的現象，應該要保持清明與警覺。就大眾參與的角度而言，示威抗議、公民投票都是參與式民主常見的現象，我們可以視之為一種監督議會的補救性手段。雖然它們表現的方式比較激進，但是並不妨礙民主政治的運行。在這種情況下，積極參與跟民主政治是互補的。就其偏差面而言，政治人物動輒挾民意以自重，甚至刻意煽起對立情緒，以獲取特定的政治利益，卻反映出一個國家的民主政治仍然不夠成熟。民粹主義在此意義下，是與民主政治的理想互斥的。而民粹主義的興起，也可以看成是代議政治失敗的警訊。這個現象的扭轉，有賴於人民的自覺，因為惟有不願被利用的選民，才會有不敢煽動、濫權的政治人物。這是西方自由主義政治傳統的珍貴教訓，也是我們維繫民主體制的根本憑藉。

福山教授的講座，帶給國人許多寶貴的省思。我們除了感謝福山教授精采的理論闡述與心得分享，也要感謝朱雲漢院士、吳玉山院士特別為本書撰寫兩篇精闢的文章，讓讀者在講座活動結束之後，可以進一步思考福山所帶來的啟發。另外，我們也要感謝史丹佛大學胡佛研究院的郭岱君教授，在基金會邀請福山來臺過程中所給予的關鍵協助，以及聯經出版公司林載爵先生對於本書出版上，所提供的大力協助與支持。希望所有朋友對長風文教基金會的熱情支持與參與，可以幫臺灣打開更多寬闊的視野，提升整個社會理性討論的風氣。

專文導讀

從川普革命看天下大勢

朱雲漢　中央研究院院士

福山在臺灣四天的行程中觸及最多的話題就是川普。這並不奇怪，因為理解川普現象是分析當前世界政治經濟格局走勢的第一道習題。有不少觀察家把川普當選稱之為「川普革命」，並不為過。雖然這是一場不流血革命，但是他的當選與政策走向都帶有革命色彩，對西方中心世界秩序已經帶來劇烈的震盪。

川普颷起的政治旋風完全改寫了半個世紀以來的美國政治遊戲規則。他利用社交媒體提供的政治動員平台，衝垮了兩大黨主流政治菁英的權力壟斷，也有效突破了所有主流媒體對他的圍堵；他衝撞了美國社會所有的主流價值標準，也攪亂了傳統劃分左右政治版圖的座標。

他從根本處質疑美國過去七十年所建構的自由化國際秩序，他對這個秩序的兩大主軸——政治民主化，經濟自由化——完全不留戀。他反對根據民主、人權、多元這些價值標準來區分敵友與親疏；他的廣大支持者更深信過去美國大力推進的經濟自由化與開放貿易體系，是導致美國產業空洞化與中產階級貧困化的元凶。他的基層追隨者對於自由派菁英標榜的文化多元主義嗤之以鼻，不但矯情偽善，導致道德淪喪，也嚴重威脅美國固有清教徒文化認同。

川普企圖重新設定美國的國際角色。在他眼裡，所有美國過去扮演的國際領導角色、承擔的國際條約義務，長期信守的政策承諾，一手創建的多邊合作體制，都可以推翻重來，一切都要重新評估是否符合當前美國經濟利益與國內政治需要。他當選後的言行讓所有國家的領導人都警覺到，他們即將面對一個無法預測、難以捉摸的美國總統。這位世界上最有權勢的領導人，居然是底線飄移、框架模糊，沒有信念準則，而且擺明從此美國要給的更少拿得更多。他還把自己隨時可以重新設定遊戲規則的這種任性與霸道，當作嚇唬對手、買空賣空的籌碼來運用。

福山在臺北的公開演講，對川普的批評還是很含蓄。但與他私下談話就可以強烈的感受到他對於川普的不滿，擔心這個不按牌理出牌的總統正在耗損美國的國際領導信譽。福山與美國的主流政策菁英都寄望美國的憲法權力制衡設計可以在一定程度上節制川普的反民主、反法治與反全球化傾向，也期盼他身邊少數幾位謀國大臣能力挽狂瀾。

不過，幾個月下來，美國政策菁英的憂慮有增無減。六月初我參加臺北論壇組織的美國訪問團，沿途的感受更是強烈。我們一團在紐約與華府拜會了許多重要智庫，數位重量級國會議員，也與白宮及國務院官員對話，除了力挺川普的「傳統基金會」外，所有主流智庫資深人士幾乎是一面倒地質疑川普的行徑，他們都很坦白的說：無法理解川普的決策理路，更很難預料他的外交政策走向。

在我們抵達美國東岸時，不少智庫人士還在緬懷不久之前剛去世的布里辛斯基。他與季辛吉兩位戰略思想家，堪稱是過去半個世紀影響美國全球戰略的最重要推手。季辛吉開啟了華府與北京關係正常化歷史新頁，讓東亞地區早於歐洲脫離冷戰格局，也為日後鄧小平帶領中國大陸走向改革開放，提供了寬鬆的外部條件。季辛吉一手擘畫的

「聯中制俄」大戰略，在布里辛斯基手中完成全方位布局。他添加了人權外交，試圖撼動蘇聯扶持的東歐共產政權。他軍援阿富汗抵抗勢力，讓這個中亞的要衝成為耗盡蘇聯帝國雄心的傷心地。他推進與美蘇限武談判，鬆懈蘇聯內部對美國核武威脅的危機感。因為他奠定的基礎，雷根才有機會成為收割蘇聯解體果實的歷史英雄。

西方主流媒體對布里辛斯基的辭世流露出極為不捨的真情。尤其是紐約時報更以罕見的高規格報導緬懷布里辛斯基及其時代。在他意氣風發的年代，美國獨具主導全球戰略棋局的條件。美國除了憑藉其獨步全球的國防、科技、金融與生產力，從詹森、尼克森到卡特總統也獨具慧眼，讓季辛吉與布里辛斯基這樣不同凡響的戰略思想家，幫華府運籌帷幄。他們兩人都經歷過歐洲動盪年代的洗禮，具備深厚的歷史素養，並在美國這樣一個包容的移民社會與超級大國所托起的寬廣歷史舞台上一顯身手。

美國自由派媒體對布里辛斯基的高度推崇與無限追思，也反映出他們此時此刻跌落谷底心境。他們感嘆美國恐難再出現像季辛吉與布里辛斯基這樣的戰略思想大家。目睹北約高峰會上川普與西歐領袖不歡而散，德國梅克爾總理在會後公開表示歐洲不能再信賴脫歐的英國與川普主政的美國，讓自由派媒體痛心疾首。紐約時報的一篇專稿更嘆息道：「通過退出巴黎氣候協定，川普製造了一個全球領導力真空，為美國的盟友和對手一同奉上了重塑世界權力結構的大好機會。」在他們眼中，川普的行徑猶如一個加速家道中落的敗家子，不但不懂得珍惜前人累積的政治資本，反而輕率的將家底典當變賣。

我們在華府那幾天正好趕上聯邦調查局前局長科米在被革職後首度出席參議院情報委員會的聽證會。當天上午十點華府幾乎是萬人空巷，許多酒吧還破例提前在上午九點半開門，大家都守候在電視螢幕前，聚精會神觀賞這場比《紙牌屋》電視連續劇更為精采的政治大戲。對於川普恨之入骨的自由派人士，更屏息以待，期待科米會抖出更多他與川普私下交手的內情，讓罪證足以逼使國會認真考慮啟動彈劾川普的程序。

親眼目睹許多美國主流政策菁英深深陷入反川普情結而無法自

拔，的確令人同情。但明眼人也可以看到他們的盲點。首先，他們總覺得川普是在非常僥倖的情況下險勝，他的普選票比希拉蕊還落後三百萬張；他們認定，若沒有普丁的暗助與科米在關鍵時刻的攪局，他也絕無可能逆轉勝。他們深信這種僥倖不可能重演，川普注定是曇花一現的政治人物，絕無連任的可能，能不能做滿這一任都還很難說。所以，他們認為當務之急就是設法控制川普行徑對美國民主法治以及國際領導威望的損害，深信四年以後無論共和黨或民主黨執政主流政策菁英將可班師回朝，並開始全面修補川普造成的破壞。

他們的最大盲點就是不願認真面對美國體制的深層矛盾與缺陷，也不願承認美國主導的戰後國際秩序已經日薄西山。自由派菁英不得不面對的問題是：為何在美國與西歐，全球化的受損者正在掀起一場震驚世界的政治反撲，他們的挫折與憤怒透過網路相互感染，在眾多西方社會迅速蔓延，並將選票導向極端傾向的政治人物以宣洩其不滿。為何在許多西方民主國家不約而同掀起反主流政治菁英的浪潮，檯面上的政治人物紛紛遭遇選民的排斥，因為這些熟面孔不是已經被利益集團徹底綁架，就是面對經濟與社會難題束手無策，選民寧可寄希望於毫無從政經驗的新手。

去年希拉蕊差一點就被半路殺出的左派桑德斯參議員打得七零八落，要不是民主黨當權派全力護航，她可能連民主黨初選都過不了關。如果，自由派菁英不能誠實面對美國體制的深層矛盾，繼續漠視現行體制與國際秩序製造的嚴重財富不均與社會流動停滯，繼續讓富豪階層在全球範圍支配經濟遊戲規則，利用金權政治操控政黨菁英，並收買媒體與公共知識分子壟斷主流論述，社會內部的斷裂還會加劇，基層民眾的反菁英、反主流的情緒還會變本加厲，普遍的政治疏離感與不信任將動搖整個代議民主與資本主義體制的合法性。

美國的主流政策菁英也還不願承認非西方世界已經全面崛起，西方國家主導世界秩序的時代已經一去不返。今年冬季「世界經濟論壇」的場景讓他們感到極為錯愕。他們無法想像，今年新春伊始，習近平第一次在達沃斯登場，就被全球企業菁英黃袍加身，期盼他能成為捍衛自由貿易、扛起全球化大旗的新共主。過去三十年他們擁立的共主，居然搖身一變成為拆解全球化的梟雄。

川普給美國企業施壓，逼他們將資金與生產基地搬回美國。而北京卻鼓勵中國企業全面走出去，收購歐美優質企業，建立海外通路與生產基地。去年，中國對美國的直接投資達到歷史高峰，總金額近五百四十億美元，遠大於同年美國企業對中國的新增投資。北京並透過國家開發銀行，進出口銀行，四大國有銀行，亞投行，金磚開發銀行等融資管道，將中國大陸豐沛的國內儲蓄源源不斷的注入亞洲、非洲、拉丁美洲的上百個大型基礎建設項目。

對當地國而言，這每一個項目都是會帶來翻天覆地變化的跨世紀工程。像是昆明到曼谷的高速鐵路、橫貫馬來亞半島的大馬東海岸鐵路，由新疆直通印度洋瓜達爾港的中巴經濟走廊，緬甸的皎漂工業園與深水港，貫穿東非五國直達孟巴薩港的鐵路，連接中國內蒙古阿爾山市與蒙古喬巴山市的兩山鐵路，在開羅東郊為埃及建設新首都中心，在斯里蘭卡首都可倫坡建設海港城。

面對今年五月「一帶一路高峰論壇」的舉行，西方主流媒體不是刻意忽視，就是冷嘲熱諷。這也難怪，因為中國全面推進「一帶一路」，必然意味著西方國家從歷史舞台上主角的退位過程將加速進行，西方要開始適應屈居歷史配角的新時代。

不過，西方媒體評論家中也有明白人。像是在華府出刊歷史最久的政論雜誌，並在自由派陣營頗具影響力的《國家週刊》（*The Nation*），就刊登了專欄作家勞倫斯（Patrick Lawrence）的評論，他以毫不含糊的筆觸提醒美國政治領袖，中國正藉由「一帶一路」在加速建構一個「後西方世界」（Post-Western World）。這本來是所有腦袋清晰的觀察家都可以做出的判斷，但在西方主流媒體中卻猶如空谷足音。

「一帶一路」大戰略的推出意味著：中國試圖帶領沿線的開發中國家為逐漸失去動能的全球化注入新的動力，讓被海洋時代拋棄的歐亞大陸內陸國家與中國廣大西部地區，從全球經貿網絡的邊陲搖身一變為前緣與要衝。這就是中國版的全球化方案，其企圖心非同小可，展現出習近平主政的中國立志引領非西方國家探索全球化新路徑，並全面修正全球化遊戲規則。

美國版的全球化方案主要是為跨國資本與跨國企業利益服務，將政府的職能縮到最小，移除所有妨礙資金、商品與訊息及專業人士跨國移動的障礙，讓跨國資本在全球範圍追求最大投資回報，讓跨國企業所代表的市場力量全面主導生產資源配置與塑造消費偏好。

現在中國準備將自己過去三十五年所累積的政府與市場兩手並用之發展經驗，推介給「一帶一路」沿線國家，並透過新的政策協商機制、經濟整合架構、多元長期融資平台，與技術與產能輸出策略，讓歐亞大陸與環印度洋地區藉由全新建構的運輸、通訊與能源傳送網絡，形成緊密的經濟板塊，並帶動沿線國家的經濟發展。

勞倫斯提醒美國讀者，「一帶一路」將啟動人類有史以來最大規模的基礎建設工程。中國大陸在短短三十五年裡讓十三億人享有二十一世紀水準的基礎設施以及其帶動的經濟繁榮。如今北京正準備將這個模式推廣到所有沿線國家，根據ＩＭＦ的估計，未來五年一帶一路覆蓋地區的ＧＤＰ增量將是接近北美的兩倍、歐洲的四倍有餘。

美國正在失去天下共主的地位，今日即使布里辛斯基再世，孤臣也無力回天。

我經常提醒臺灣的讀者，在我們思考臺灣的長遠未來時，我們必須對於二十一世紀全球秩序的演進方向做出明智的判斷，否則臺灣就會像在茫茫大海中失去羅盤指引與動力的小船，只能任憑風浪推擠漂流；尤其處在當前這樣一個歷史結構劇烈變動的時代，臺灣的社會菁英更需要做好這道歷史習題，否則面對眼前的驚濤駭浪，必然徬徨不知所措。

人類社會在跨入二十一世紀之際，全球政治、經濟與意識形態格局正在經歷一場翻天覆地的秩序重組。但是在臺灣大多數的社會菁英對於這場歷史大變局的面貌與動向仍缺乏完整的認識，更不理解其基本的歷史脈絡。許多社會菁英還是緊緊擁抱著二十世紀後半葉形成的主流觀念與思維模式，沒有做好迎接二十一世紀變局的思想準備。

如果我們想要看得清楚這個劇烈變動的時代，想要掌握它的來龍去脈，就一定要跳脫過去習以為常、並被視為理所當然的主流價值觀與思考模式，因為這些價值觀與思考模式只是一時一地的歷史產物，從來就不是放諸四海皆準的金科玉律。這些思維窠臼不但無助於我們認識與理解二十一世紀歷史巨輪的滾動軌跡，反而可能遮蔽我們的視野。

我們要有心理準備，人類社會正在經歷一場乾坤顛倒的歷史趨勢大反轉，所有我們過去視為理所當然的歷史座標都可能急速變盤，所有過去認為不可思議的場景都可能突然矗立眼前。

進入二十一世紀，歷史的腳步走得更快了。中國再興與非西方世界的全面崛起，已經打破了二十世紀的全球政治經濟格局。西方國家正失去制定多邊體制與規範的主導權，而非西方世界正逐漸取得處理全球議題的話語權。G20已經替代G7成為最重要的全球政策協調機制。去年在杭州舉行的G20峰會更是重要的分水嶺，在中國倡導下G20集團正式啟動全球經濟治理機制系統性改革，中國躍升為全球經濟治理議題的主要倡議者與引領者。

同時，中國正繞過西方主導的多邊體制，與南方國家另起爐灶，創建上海合作組織、中非論壇、中阿論壇、中拉加共同體論壇、金磚投資銀行、亞投行、中國與中東歐開發基金、區域全面經濟夥伴協議等全新的多邊體制，全面深化南南合作。習近平推動的「一帶一路」大戰略更將在未來三十年主導歐亞大陸經濟一體化的進程；「一帶一路」大戰略更意味著中國不再被動的加入西方主導的全球化，而將主動建構一個新的全球體系，修改全球化的路徑與遊戲規則。

面對二十一世紀的變局，臺灣社會菁英必須具備全球觀與大歷史觀，不但不應該抗拒歷史潮流的反轉，反而要思考如何積極參與二十一世紀新秩序的建構。年輕世代要拒絕小確幸，不做井底之蛙。臺灣更必須跳脫西方中心思維，要設法重新融入亞洲，重視與新興經濟體的交往，重新連結非西方世界；要摒除虛幻的文明優越感，接納與包容多元價值、宗教與文化。臺灣需要重新認識自己的文化傳承與發展經驗，面對中國大陸，要學習以小事大，要避免在主權議題上與對岸硬碰硬；在國際上要重實質輕名分，避免掉入大國對抗的漩渦，避免在軍備競賽上虛耗資源，絕不當戰略棋子。

專文導讀

自由主義國際秩序的內外挑戰

——從福山的論述談起

吳玉山　中央研究院院士

學術界倡議自由主義的大師、曾經在《歷史的終結與最後一人》中預言自由主義將取得全球勝利、並劃下人類發展終點的法蘭西斯・福山教授四月在臺北長風文教基金會做了兩場演講和對談，以「自由主義國際秩序的崩解？」以及「中美爭鋒及其影響」為主題，觸及現今世界上兩個最重大的政治發展議題，引起了國內學術界和輿論的廣泛討論。

福山教授的演講和與朱雲漢院士的對談，其實可以放到一個大的框架下來了解，就是自由主義所面對的內外挑戰。他先談到了自由主義在西方，特別是在美國，如何受到右派民粹主義的衝擊，然後談到在戰後由美國所建立的自由主義國際秩序如何面對中國大陸的挑戰。基本上今日的自由主義的確是受到內外夾擊，而處於二戰結束以來最嚴峻的局面。此時由國際上倡議自由主義最著名的大師來談對自由主義的挑戰及其未來，當然是及時而且必要的。

然而，究竟自由主義在當代所代表的意義究竟是什麼？不清楚這個問題的答案，自然無法討論自由主義所面對的挑戰。我以為自由主義的精神是追求自由，反對國家的管制和干涉，並且在四個重大的社會分歧上，採取了一定的立場。這四個重大的社會分歧是群體認同、政治形態、經濟分配，和社會文化。自由主義在群體認同上主張超越國家與族群，提倡國際主義、普世主義，或至少區域主義，而反對國家主義。在政治形態上，自由主義反對威權與菁英政治，主張民主參與。在經濟分配上，自由主義提倡私有財產與市場功能，反對國家對於所有權和分配機制的管控。在社會文化上，自由主義主張進步、容忍與多元，而與社會保守主義對立。群體認同、政治形態、經濟分配，和社會文化的四大分歧是從近代以來人類社會發展過程中所出現最主要的社會衝突之處，並且成為各國政治競爭的主軸。自由主義在這些分歧線上都採取了追求自由的立場，而與強調國家與管制的一面相對立。

這樣了解了自由主義的當代意義之後，我們便可以明白今天自由主義所處的困境。由川普所代表的右派民粹思潮，高舉美國至上，發表各種敵視移民的言論，還侈言要在美墨邊境建築高牆，又表明不容盟邦占美國的便宜，錙銖必較，這和在戰後建構各種國際自由主義制度、主張開放和包容的美國不啻有天壤之別。不過，如果具體地用四大分歧來理解川普現象，便會發現他並非全然地不符合自由主義的圭臬。川普的確高舉美國國家主義，而與二戰以來的任何一位美國總統不同，令人有回到大戰之前、甚至十九世紀之末的感覺。因此在群體認同上，是大大地從國際主義與普世主義上倒退。另外，川普也投社會保守主義所好，在墮胎與同性戀等議題上，對過去歐巴馬總統的自由主義政策，做了一百八十度的反轉。在其他諸如環保等的社會議題上，川普也極端保守。所以在群體認同和社會文化的分歧上，川普確實展現了反自由主義的強硬姿態。

不過在政治形態上，雖然川普捨棄了在全世界推廣自由民主的使命，在國內他卻是搭上了新傳媒與網路革命的潮流，以反建制的姿態來挑戰自由主義的菁英，從這一個角度來看，不能說是反民主的。另外，在經濟與分配議題上，川普是主張減稅與去管制的，那是傳統的右派自由主義立場，也是共和黨的經典主張。所以在這裡，川普倒並非自由主義之敵。

在大西洋的另一岸，英國的驚人脫歐之舉，自然也是反國際主義、反區域主義的。其最主要的動力，便是來自歐洲的難民問題，以及國外移民對於英國的經濟和安全所造成的不利影響。因此在脫歐的支持者當中，出現了強勁的反全球化、反自由化聲浪，而與川普陣營同調。此外，英國的產業工人，也擔心移民和自由化對其工作不利，並將經濟轉型所帶來的痛苦，歸於過度開放的政策。不過，英國在脫歐後持續執政的保守黨，對於自由主義的威脅，比川普要小許多。保守黨除了主張必須依民意脫歐之外，不論在政治形態、經濟分配，和社會文化上，都沒有脫離自由主義的主張。脫歐固然是一個意外，並且構成對於歐洲區域主義的重大衝擊，但是其本身並不是對於當代自由主義的嚴重挑戰。由於右派民粹勢力在後續幾個主要歐洲國家的選舉當中都沒有勝出，因此從歐洲方面所出現的對於自由主義的威脅，其實是有限的。

雖然川普主義和英國脫歐的本身對於自由主義所帶來的衝擊並不見得有想像的大，但是畢竟英美這兩個盎格魯・撒克遜民族的國家過去是國際自由主義的核心，現在卻在其國內出現了對自由主義大小不同的挑戰，因此透過此一核心對外的影響，卻真實地撼動了自由主義國際建制的基礎。英國的脫歐使得歐盟面臨自從創立以來最大的危機，而美國對其盟友斤斤計較，則撼動了以美國為中心的西方聯盟體系。除了NATO存在的意義受到質疑之外，川普退出TPP馬上讓此一特大型貿易協定陷入困局，他對NAFTA的敵視態度也讓墨西哥和加拿大惴惴不安。各國紛紛尋求美國捨棄其盟主地位後自身的安全保障。川普又帶領美國退出巴黎氣候協定，對世界節能減碳以控制溫室氣體排放的努力給予嚴厲打擊。從二戰結束後到二十一世紀所建立的整個國際政經建制的基礎都因為美國驟然勃興的民族主義而受到動搖。在這裡我們可以看到自由主義和霸權穩定之間的關係。自由世界的基礎其實是來自霸權的支配。在自由主義核心所出現的內在挑戰不旋踵就成為對於整個自由主義國際秩序的挑戰。

當美國所建立的國際秩序受到來自核心的衝擊時，自由主義陣營的對方，包括中國大陸和俄羅斯等大陸強權，卻展現了維持穩定、逐步擴展其全球影響的態勢。在歐亞大陸的西翼，俄羅斯有力地在海外投射軍事力量，與伊朗和什葉派結盟，打擊遜尼派極端回教組織，也壓抑西方在中東的影響力。莫斯科支解了烏克蘭，對周邊實行了強制外交，也成功地拉攏了與歐盟和北約產生齟齬的中東歐國家（例如匈牙利、塞爾維亞等）。俄羅斯的國際宣傳以及網路作戰的能力使得西方如臨大敵，雙方態勢如同回到冷戰時期。在歐亞大陸的東翼，中國大陸快速崛起，在經濟上超日趕美，透過一帶一路、亞投行、RCEP等機制來奪取美國在亞洲的領導地位。在軍事上中國快速發展海空軍和火箭軍，讓周邊和美國備受威脅。航母艦隊的成軍提供了其遠洋打擊能力，而航天科技的突飛猛進也重劃了過去由美國宰制的太空版圖。北京已經展現了與美國平起平坐的氣勢，並且在一定區域內獲得了這樣的實際權力。而中俄的聯手更讓美國芒刺在背，成為遏制美國霸權的主要勢力。當自由主義陣營正忙於應付內在危機，和處理受損的聯盟關係時，處於歐亞核心的非自由主義強權卻正穩定崛起。這一消一長之間，產生了對於國際自由主義非常不利的發展。

究竟對於自由主義秩序挑戰出現的根本原因何在？福山教授認為經濟與分配是問題的核心。自從雷根和柴契爾夫人在一九八〇年代帶動新古典主義的經濟政策浪潮之後，各國的所得分配就開始快速惡化，非技術工人並沒有能夠從由科技發展所帶動的經濟增長中獲得利益或是補償，貧富懸殊現象日益明顯，因此他們對於自由主義的菁英階層自然充滿怨恨，而出現對於全球化的反動。自動化和科技的高速發展，威脅著這個勞動階級的生計，自由主義對此無法提出解答，他們當然要尋求其他政治力量的支持。有趣的是，傳統的左派沒有辦法抓住時機，獲得這些產業工人的支持。其主要的原因，是左派政黨在面對新古典主義的經濟政策時，已經採取了「新左派」的立場，基本上站到意識形態的中間點，而放棄了傳統左派對於資本主義的批判，這樣就淡化了左派政黨和產業工人之間的連結。尤有甚者，左派政黨多半在社會文化的分歧中支持進步主義，因此被不少持社會保守立場的勞工階級視之為女權分子和同性戀的政黨，這就更加疏離了勞工和左派政黨之間的關係。但是對於右派民粹主義而言，他們把本國工人階級的艱苦境遇歸於外國的不當競爭以及過於開放的國內市場，而主張經濟的民族主義和愛國主義。這種把經濟分配和群體認同做議題連結（issue linkage）的做法，被證明具有很大的煽動力，使得許多在經濟困難地區的產業工人紛紛背棄傳統的左派政黨，而擁抱右派的民族主義者，即使後者主張大幅減稅、削減社會福利、對企業放鬆管制也不在意。就是在此種情況之下，在經濟分配分歧上採取右派立場的政黨和領袖，能夠獲得許多勞動階級的支持，在關鍵處（例如美國的「鐵鏽帶」）產生了扭轉大局的作用，導致在美川普的勝選，和在英脫歐的成功。雖然在法國右翼的國家陣線和其黨魁雷彭（Marine Le Pen）並沒有在總統大選中獲勝，不過對於此一政黨的支持也同樣主要是來自於經濟艱困地區的勞動階級。

綜合觀之，分配危機和傳統左派的式微提供了民粹右派崛起的背景，帶來了對於自由主義的嚴重挑戰。在歐美的政治發展過程當中，群體認同曾經是主要的社會和政治分歧（就是「前物質分歧」），但是後來逐漸消解，讓位給經濟分配的「物質分歧」。因此西方的政黨多是以左右區分，也就是將政治競爭的焦點置於國家在經濟事務中所扮演的角色。此一基本的框架，並沒有因為性別與環保等「後物質分歧」在一九七〇年代以後的崛起而產生根本的改變。左右政黨分別在社會文化分歧中採取了各自的立場，試圖吸納此一新起的分歧。然而在二〇〇八年金融海嘯之後，由於分配問題沒有辦法在傳統的左右政黨體系中獲得解決，因此重新喚回了群體認同的前物質分歧，造成民族主義的昂揚。這樣的做法雖然在選舉中造成聲勢，並帶來重大的政治後果，但顯然是無法治本的。

論到如何處理西方的基本問題，福山教授強調治理的重要性，以及美國「否決政治」（vetocracy）所造成的危害，這就牽涉到政治形態的問題了。福山以為美國在過去擁有良好的法治，展現了民主的制衡機制，但缺乏強國家的治理能力。流弊所及造成黨派相爭嚴重、政商相互勾結，特殊利益氾濫。於是政治系統無法推動必要的政策，各方勢力相互否決，而民眾便承受這「否決政治」的惡果。就是在這種情況之下，川普才能夠以強人之姿登上舞台，因為他滿足了民眾對於效能的期盼。同樣地，歐盟的效能低落、無法處理金融危機、無法有效管制邊境等因素也是英國選擇脫離歐洲的主因。因此自由主義的危機根源是在治理，必須要增加國家的治理能力、增進治理品質才能夠重建自由主義的合法性。

這裡觸及到兩個問題，第一個是有效的治理與民主制衡是否具有一定的替換（trade-off）關係，第二個是自由主義的危機是否比治理能力更深層。若是有效能的治理需要減少一定的民主制衡、甚至民眾的自由，則追求效能將會侵害到自由主義的本質，而在政治形態上站到菁英政治這一邊來了。事實上英美的「多數民主」（majoritarian democracy）本來就已經比歐洲大陸的「共識民主」（consensus democracy）要強調效能了。因此除非能夠在民主和效能之間找到非替換的更優選項（Pareto-superior option），否則英美體制更往效能移動是會有損自由主義基本精神的。對於「治理是自由主義的問題根源」的說法更大的挑戰是如果資本主義制度（或經濟自由主義）本身便不可避免地會造成貧富不均，如皮卡迪（Thomas Piketty）在《二十一世紀資本論》中所述，那麼當然改善治理是沒有辦法解決自由主義的危機的。當然皮卡迪國際課稅的主張未必可行，但是無論如何解決資本主義危機的方法一定會要求更多的管制，因此在經濟與分配的領域內削弱自由主義可能是必然的。

當在自由主義的核心出現對本身的挑戰時，美國和中國大陸之間的關係便出現了微妙的轉變。過去美國高唱自由主義並試圖把中國帶入由華盛頓所建立的國際秩序，而北京則始終維持著經濟民族主義和重商主義的姿態，因而形成兩個國家和兩種意識形態的競爭。然而當中國大陸的經濟規模已經足以和美國匹敵之際，兩者的對外態度似乎出現了某種形式的反轉。川普治下的美國一意擺脫自由主義霸主的身分，完全從國家現實利益的角度來審視美國所建制的國際體系，而習近平主政下的中國大陸則宣揚著一些美國過去所倡議的價值，好似出現了身分交換。晚近對與美中關係的討論都集中於二者在國力接近時是否會出現不可避免的衝突，也就是出現「權力轉移理論」的悲觀預期，而沒有討論到雙方經濟能力的接近是否會造成身分與價值的轉變，也就是中國大陸作為自由主義國際秩序的最大得利者，有沒有可能逐漸取代美國，成為國際自由主義的代言人。此一不可想像的趨勢，在川普執政後，已經變得可以想像了。

福山教授在這一點上是抱持懷疑態度的。他擔心中共的領導人受到過去中國被西方壓制的歷史影響，無法有開放的態度，而其內在合法性也並非堅實，一旦經濟成長放緩便無可避免地要訴諸民族主義，因此必然與自由主義為敵。另一方美國畢竟有深厚的自由主義傳統，因此即使是川普也發現自己無法擺脫這個傳統下美國在國際上的角色和定位，而逐漸調整其姿態當中。我們完全可以想像，在川普之後，美國會出現自由主義的大反撲，而中國大陸的領導人仍然堅持其高度民族主義的立場，因此美中間不會發生角色互換。然而，如果我們回顧歷史，便會發現民族主義常是落後國家追趕的工具，而自由主義則是先進國家經常穿著的外衣，其內核都是國家利益。因此在十九世紀之初，英國是國際經濟的自由主義者，而美國是保護主義者，但到了二十世紀，美國卻變成最大的自由主義者，英國則沾上了保護主義的色彩。如果美中經濟實力的發展趨勢不變的話，在美國方面必然有經濟民族主義的壓力，而在中國大陸則必然有全面自由化的主張，這也是大趨勢下必然會出現的情況。當然，即使中國大陸在國際經濟的領域主張自由主義，那和其在國內的統治模式未必相關聯，也就是大陸的政治仍然可能維持高度的菁英主政，而與政治自由主義大相逕庭。

福山教授對於自由主義現況的體檢發人深省，更提供了讓我們對於自由主義本身進行檢視的機會。臺灣是國際自由主義社會的一分子，我們的制度與價值長期均以美國所倡議的自由主義為標準，我們的政策思維也以獲得西方的肯定為依歸。現在自由主義受到挑戰，最大的挑戰者就在對岸，但是國際自由主義的掌旗者卻一時不明。面對此種混沌的狀態，是我們進行深層思考，檢視過去的發展軌跡，並且替國家的未來綢繆一個出路的關鍵時刻了。福山教授的演講，真是來得及時。

|第一場|

自由主義國際秩序的崩解？

The End of the Liberal International Order?

開場致詞

從福山教授的研究看現代社會處境

江宜樺董事長：

各位女士、各位先生，大家好，感謝今天大家參加長風文教基金會的福山講座，我在事前跟福山教授討論過，今天因為有同步口譯，所以介紹的部分容許我用中文，來介紹我們基金會的宗旨與今天講座的意義。

長風文教基金會是一個新成立的基金會，在今年初才開始運作（二〇一七年一月十六日成立）。基金會的宗旨主要是兩項，一方面是提升臺灣的公民文化素養，另一方面是希望能夠幫助臺灣的年輕人連結國際。在這兩個目標之下，長風文教基金會今年所辦的一些活動，包括今天大家參與的大型講座，還有我們已經辦過的一場青年論談，都對社會大眾開放。

我們也想辦法甄選有心拓展國際視野的年輕人，讓他們有機會到一些重要的國家，不管是西方，或是到東南亞去參訪，和當地政治、經濟、社會、文化的領袖們進行交流。今天所辦的活動就是我剛剛提到的講座，目的是邀請一些能夠帶給我們不同視野與想法的思想家、政治家、企業家或是社會工作者，來跟大家分享他們的經驗。

今天很榮幸可以邀請到史丹佛大學（Stanford University）的法蘭西斯・福山（Francis Fukuyama）教授，他早年畢業於康乃爾大學（Cornell University）的古典學系（Classics），後來到哈佛大學（Harvard University）取得政治學博士。他畢業後曾任職於美國的智庫蘭德公司（Rand Cooperation），還有幾個學校單位，包括喬治梅森大學（George Mason University）、約翰霍普金斯大學（The Johns Hopkins University）等等，最後來到史丹佛任教。在史丹佛大學當中，福山教授屬於一個研究中心，弗里曼・史巴克里國際問題研究所（Freeman Spogli Institute for International Studies），這是史丹佛最大的國際關係研究院，福山教授在當中擔任資深研究員。他也是這個機構下面的一個中心「民主、發展與法治研究中心」的主任（Center on Democracy, Development and the Rule of Law，簡稱為CDDRL）。我去年在史丹佛以訪問學人的身分進修一年，所以有機會參與到這個中心的活動，並認識了福山教授。各位都知道，福山教授是享譽全球的大師級政治理論家，他很早就因為發表了一篇題目叫做〈歷史的終結？〉（The End of History?）的文章，引起激烈的討論。後來這一小篇文章進一步發展成一本書，臺灣也有翻譯，叫做《歷史之終結與最後一人》，這本書到目前為止被全世界各地翻譯超過二十種語言之多。我想，在座很多觀眾可能都是因為閱讀這本書而知道福山教授的大名。

福山教授在書裡主張，人類歷史發展到最後，也許我們已經看到的代議民主加上資本主義的市場經濟，就是最終的模式。可是在這本書發表之後，福山教授陸續發表了許多著作，在這些陸續寫就的著作中，他不斷再修正原本的觀點。福山教授這些年的重要著作包括：在一九九五年，他寫了一本《信任》（*Trust: The Social Virtues and the Creation of Prosperity*），談社會美德對國家的重要性。一九九九年，他出版了一本《跨越斷層》（*The Great Disruption: Human Nature and the Reconstitution of Social Order*），談的是人性與社會治理的問題。二〇〇〇年，他出版了一本《後人類未來》（*Our Posthuman Future: Consequences of the Biotechnology Revolution*），談的是基因工程這個新的科技技術對人類未來的衝擊。二〇〇四年，他轉回到原始的關切，寫了一本《強國論》（*State-Building:Governance and World Order in the 21th Century*），談二十一世紀全球各地政府治理的問題。二〇〇六年，他針對美國的新保守主義寫了一本書《美國處在十字路口：民主、權力與新保守主義的遺產》（*America at the Crossroads: Democracy, Power, and the Neoconservative Legac*）。

接下來我要介紹兩本最近、也是最重要的書，分別是二〇一一年出版的《政治秩序的起源》（*The Origins of Political Order: From Prehuman Times to the French Revolution*），以及二〇一四年福山教授已經預告會出版的下冊《政治秩序與政治衰敗》（*Political Order and Political Decay: From the Industrial Revolution to the Globalization of Democracy*）。這兩本書合起來，可以說是福山教授在政治理論建構上，最令人敬佩的兩本政治巨著。這兩本書不只是跨越了各種人文、社會與自然學科的知識，而且它涵蓋的歷史縱深與關懷不同文明之廣，在近年的政治學界難有人能出其右，可能也因為這些成就，讓福山教授在二〇一五年獲得了一個非常重要的獎項：「The Johan Skytte Prize of Political Science」，國內知道的人可能不多，但念政治學的人可能都知道，這個獎項自從一九九五年設立以來，就被推崇為政治學界的諾貝爾獎。因為政治學不像經濟學有自己的諾貝爾獎，這個獎項就是政治學界的最高榮譽，包括可能很多人知道的，耶魯大學的勞勃・道爾（Robert A. Dahl）教授，是第一位獲得這個獎項的人。第二位是胡安・林茲（Juan J. Linz）教授，其他包括哈佛大學的羅伯・普特南（Robert Putnam）教授、加州大學洛杉磯分校（UCLA）的卡羅・帕特曼（Carole Pateman）教授，都是引領一時風騷、最重要的政治理論家，他們都曾獲得過這個獎項。福山教授在二〇一五年得到這個獎項，可說是實至名歸。

關於今天福山教授要分享的題目，我跟他事前交換過意見，大家可以看到我們今天的總題目是「從歷史的終結到民主的崩壞」，包含兩場活動。第一場是今天的〈自由主義國際秩序的崩解？〉（The End of the Liberal International Order），但是加一個問號。也就是說，以自由主義為基礎所建構起來的這個包含政治、經濟各層面的國際體系，是否會隨著最近幾年一種右翼民粹主義的興起——福山教授稱為是「民粹國族主義」（Populist nationalism）——而遭到挑戰？

明天的第二場活動題目是〈中美爭鋒及其影響〉（The Sino-American Competition & Its Impacts）由福山教授與中研院朱雲漢院士對談。我們非常高興福山教授能夠來與我們分享他對於當前民粹主義氾濫情形的憂慮。從福山教授最後兩本書關切的重點可以看得出來，他認為一個國家的政治要上軌道，有很多因素，不是只有民主的定期選舉，也必須要有深厚的、廣為人民接受的法治（Rule of Law）文化，以及有效率的國家治理能力。在這幾個方面，不管是引領風騷的美國或正在崛起的中國都仍然有所不足，那我們臺灣的情形又如何呢？

在過去這幾年，國內民粹主義的風氣似乎越來越盛，就像我們在美國還有歐洲國家所看到的一樣，我們心裡有這個憂慮，也希望大家能夠共同來思考，要怎麼樣讓臺灣的政治文化與政府治理可以更上軌道。我們邀請福山教授來分享他走遍全球各地思考及閱讀的一些想法，也希望能夠獲得大家的共鳴。等一下的進行方式，前一個小時由福山教授進行演講，演講結束後就開放自由提問。由於有同步翻譯的關係，大家不論用中文或英文來提問都很歡迎。

法蘭西斯・福山講座全紀錄 I

自由主義的國際秩序是否將劃下句點？

謝謝，非常感謝江董事長的介紹，非常感謝江前院長跟長風文教基金會能夠給我這個機會來到臺灣。我上次來到臺灣已經是好幾年前了，那時我們中心在研究臺灣的民主政治發展，我們認為要談亞洲民主政治，臺灣絕對是一個非常重要的國家。所以當時我們特別對臺灣的民主發展做了詳細的研究。這次回到臺北能夠見到很多老朋友，我覺得非常開心。我們也知道目前的國際局勢詭譎多變，感覺全球的歷史已經進入了一個新的章節。所以，我今天的演講其實要提出一個問題，那就是：

我們過去熟悉的「自由主義的國際秩序」（the Liberal International Order），目前正面臨許許多多威脅，是否即將正式的劃下句點？

「自由主義的國際秩序」正面對什麼樣的威脅呢？譬如說在美

國，民粹主義（populism）的崛起，就是一個很明顯的例子。所以我們先來說明一下什麼是「自由主義的國際秩序」。所謂的「自由主義的國際秩序」，是以一些規則為基礎，這些規則是希望能夠促進商品、人員、投資、觀念在國際上流動，所以它有政治與經濟的層面。

經濟的層面我們都非常清楚，比如關稅暨貿易總協定（General Agreement on Tariffs and Trade, GATT）、世界貿易組織（WTO），除此之外呢，也催生了像是歐盟（European Union）、北美洲自由貿易協定區（North American Free Trade Agreement, NAFTA）等等，我們看到的是商業活動在這個秩序底下進一步地全球化（Globalization）。

至於為什麼會有「自由主義」（Liberalism）這個名詞在裡面呢？因為在這個國際秩序之下，美國和很多國家建立了夥伴的關係，比如說北大西洋公約組織（North Atlantic Treaty Organization, NATO），還有美國跟日本的安保協定、美國與韓國在安全方面的合作等等，美國和很多國家建立了這樣密切的夥伴關係，無論是在經濟還是政治層面上來講，美國絕對是這個國際秩序的核心，如果沒有美國如此強大的國力，這樣的自由主義國際秩序是不可能存在的。

國際秩序與全球化

在一九四五年之後，美國的決策人士為了能夠捍衛美國的利益，所以打造了這樣的一個國際秩序。可是除了美國本身的利益之外，還有各種不同的理論可以解釋自由主義國際秩序出現的原因。譬如說，以「賽局理論」（Game theory）來講，它認為其實國際體制沒有辦法提供大家需要的公共財，必須要有像美國這樣的一個的霸權、有強大國力的國家來作為核心，這個強國也不介意在這個國際體系當中，有些國家只是搭便車，也就是一些國家不必花太大力氣，就可以享受這個國際秩序體系所帶來的好處。一開始，美國是為了自己的利益打造這個國際秩序，但它也容許一些國家，例如日本與德國，讓它們也能夠搭便車。在冷戰期間，這些搭便車的國家就享受了這個自由主義國際秩序體系帶來的各項好處。但目前因為美國國力逐漸的衰退，以及其他國家在國際舞台上逐漸崛起，這個體系正慢慢的在動搖。

我們剛才提到國際化有兩個不同的層面，除了政治層面以外還有經濟層面。我相信在任何基本的國際貿易課程當中都會提到這些經濟理論。換句話說，如果一些國際經濟的規則能夠降低關稅、促進貿易的話，理論上我們可以創造出均富的社會。譬如說在一九七〇年代之後，也就是一九七〇到二〇〇八年金融海嘯爆發之前的這段時間，我們知道國際的經濟規模整體成長了約四倍，不但創造了巨大財富，也嘉惠了許多的國家。

不過，提到這樣的國際貿易理論，我們也不能忘記全球化帶來的好處，並沒有辦法真正讓全民共享。就國家層面來說，國家是變富有了，但不是所有人民都能享受到好處。比如說，比較沒有技能的勞工，他們可能失去了工作機會。我們可以看到中國也好、印度也好，它們其實也有同樣的問題。因為傳統的理論是說，全球化當中的贏家，他們必須要設法來補償全球化當中的輸家，要給這些人能夠接受技能訓練的機會與得到適當補償。即便如此，我們依然看到工作機會大量流失，在傳統的製造產業中，特別是在西方國家，這些工作機會大量地流失。

在這樣的情況下，英國和美國，我們可以看到它們是積極提倡經濟全球化，在八〇年代美國有雷根總統（Ronald Reagan），英國有首相柴契爾夫人（Margaret Thatcher），在他們積極提倡自由主義國際秩序的情況下，我們可以看到貿易的障礙降低了。在很多西方國家，它們逐漸取消關稅了，原本的一些社會民主政黨就逐漸失去民眾的支持。問題是，我們現在看到的後果是社會極度的不平等，在美國的統計數據來講，最富有的前百分之十擁有百分之八十的收入，最富有的百分之一，就他們的收入來講，等於是最貧窮百分之二十五的民眾收入的總和，因此自由主義國際秩序在過去兩個世代發展下來，造成貧富差距越來越懸殊，引起了對全球化的強烈反彈，特別是那些來自傳統藍領勞工階級的反彈。

全球化下的民粹勝利趨勢

川普上台

接下來我要談談美國政治的部分，因為美國可以說是這個系統主要倡議者之一，它的社會環境也受到這個自由化影響，而且是最為全面的。我們都知道美國去年非常有意思的一次選舉，讓川普（Donald Trump）當選了美國總統。事實上，川普在美國的普選票少了二百八十萬票。但是呢，希拉蕊（Hillary Clinton）輸掉了三個非常重要的州，就是輸掉了賓州、密西根州與威斯康辛州，這些州都是北方的工業州，他們在過去幾次的選舉中都傾向於民主黨的候選人，一直可以回溯到一九八〇年。希拉蕊覺得她一定可以贏得這幾個州，所以在競選期間像威斯康辛州她連一次都沒有去過。但你們可以看到，川普在這三個州的差距其實非常小，大概每個州只差五萬五千票左右。如果這些票從川普手上移給希拉蕊，今天總統就不會是川普了。

她之所以失掉這幾個州，是因為剛剛前面提到的北方工業州，以往它們都是民主黨聯盟，但在這次選舉中轉向了共和黨，主要是因為失業的問題非常嚴重，所以你可以看到川普的勝選跟去工業化（De-industrialization）之間有很重要的關係。在競選期間，川普一直強調他對藍領選民的承諾，他會恢復製造業的經濟。當然，我本人並不相信他能做到，接下來很多選民可能會感到非常失望，他可能沒辦法把工作找回來，但強調這樣的承諾是他在選戰上的成功之處。

我想談一下川普勝選背後的這些社會背景因素，因為像一些美國人自己本身——像我這種學歷比較好、有專業收入的人——他們可能不見得充分了解這個社會勞動階級中的不滿情緒。比如說，在這些區域我們看到毒品的蔓延，包括海洛因與鴉片的濫用。在二〇〇五年，大概有六十五萬美國人是因為藥物使用過量而致死。在過去十年，美國男性的平均壽命是不升反降，但其他所有已開發國家的平均壽命都是增加，這些都跟毒品有關。很多住在小鎮、住在郊區的勞動階級失業、沒有工作，他們的家庭無以為繼，他們的小孩沒有獲得好的照料，這是我們看到的一個社會情境，導致社會對菁英階級的憎恨。比如說像我這樣的菁英階級，也就是透過全球化而受惠的這個階級受到了憎恨，這些勞動階級也可以說是川普最主要的支持者。

英國脫歐公投與俄國普丁的高支持率

另外一方面，當我們談到英國，去年夏天，我們看到英國通過脫歐（Brexit），投票選擇離開歐盟的是住在郊區、學歷較低、年齡較高，也就是說，他們是沒有受到全球化利益、反而深受其害的選民，是主要支持脫歐的人。因此這些背後的社會、經濟、政治背景也已經出現在全球其他區域。我們看到民粹主義者、國族主義者在其他的國家興起，在俄羅斯我們也開始看到這樣的現象。普丁（Vladimir Putin）在二〇〇〇年成為總統後，當時他也強調民粹主義與國族主義（Nationalism），要讓俄羅斯再次興起。他的支持者組成結構跟英國脫歐、川普的支持者也很像。在那些高學歷的都會區，比如說莫斯科的年輕人來說，並不是普丁的主要支持者，反倒是郊區、小城市、學歷低的群眾是普丁的主要支持者，在這些人當中，普丁的支持率非常地高。

如果你到匈牙利的話，匈牙利也是最早脫離鐵幕的國家之一，但你現在可以看到歐爾班（Victor Orbán，現任匈牙利總理）領導的政黨展現出來的（右翼）樣貌。我們看到最新的狀況是它影響到在中歐的這個大學正常運作，是一所由索羅斯（George Soros）所成立的大學，歐爾班不希望在這個政權之下受到批評。當然，他在布達佩斯或在學歷較高的匈牙利人中的民意支持率不是那麼高。同樣的，他受到郊區、學歷較低的選民所支持。

土耳其案例

另外一個大家比較熟悉的例子，可能是土耳其的艾爾多安總統（Recep Tayyip Erdogan）。同樣的，他在伊斯坦堡，還有安哥拉還有一些大城市的支持率都不是那麼高，但在一些中低階級，譬如說一些回教徒、在郊區的土耳其人當中支持率確實較高。土耳其在接下來幾週即將舉辦一次全民公投，來決定是否要增加總統的權力，讓國家從國會制轉變到幾乎可以說是一個獨裁的總統制。所以這裡遵循著同樣的模式，這些民主政體根的部分開始出現了衝突跟對峙。所以我們看到三權分立體制的其中之一，是行政權，也就是政府能夠去產生權力保護整個社群、對抗國內外的敵人，政府能夠去執行法律、提供基本的服務。在這個部分我們有法治，法治基本上它是限制權力用途的。也就是說行政權不能夠為所欲為，尤其是在使用權力方面。

利用民主合法性的民粹主義

最後是民主的部分，也就是政黨、選舉這樣的制度，我們在俄羅斯、匈牙利、土耳其，甚至在美國與英國都看到同樣的情況，就是民粹主義的政治人物開始去使用他們在民主上的合法性，去攻擊與破壞法治，影響與破壞新聞自由、中央銀行的獨立性以及其他的反對聲音，讓未來的選舉無法在公平的情況下進行。在美國，我們看到這樣的過程，可能比對上述這些國家（土耳其、匈牙利、俄羅斯）的破壞都來得大。我們可以看到川普對總統權力的看法，他的心態是滿類似的。如果大家還記得，他剛上任時受到媒體批評，他的回應是反駁這些媒體是在做「假新聞」、編造謊言，基本上是在影響新聞自由，這跟俄羅斯的普丁、匈牙利、土耳其這些政治人物所做的是相同的。但幸好在美國，我們有相當強健的體制，新聞媒體有很大的一個正當跟合法性。不過基本上，川普的這個做法是相當類似的。

我不希望讓大家留下一個印象，好像民粹主義就是一些低學歷、沒受過教育的人去對抗菁英階級，事實上並不是如此。很多民主國家的菁英分子，在過去十年確實犯過很多錯誤，包括美國次貸危機，還有二〇〇八年的美國金融危機和二〇一〇年的歐元危機，毫無置疑這些是菁英階級造成的錯誤。這些菁英分子認為這樣的做法對他們有利，但卻傷害了一般的平民。美國金融危機就是放寬法治所造成的負面影響。很多的銀行，認為過去在大蕭條時代的過時法規，讓現在像是高盛（Goldman Sachs）或其他金融集團承受了太大的風險，結果卻導致金融危機。

美國民主政治體制的困境

另外在美國一個很大的問題，是政治體制的設計方式。我們可以看到在民主國家，我們有很多不同的體制，譬如說政府的權力，以及法治與民主之間制衡的力量可能會出現改變。美國的平衡從建國一開始到現在，基本上都有非常強的法治元素，以及非常強健的民主制度，但我們沒有強健的官僚或是政治體系。在這個過程當中，對於美國這個政治系統當中制衡以及對行政權的限制的狀況，美國人基本上是還滿引以自豪的。但過去這個系統經過一個世代的演進，導致了體制相當嚴重的功能失衡。這樣政治制衡的力量出現了不平衡，造成了美國社會的一些問題，第一個就是兩極化。譬如說在整個二十世紀當中，兩個美國主要政黨，民主黨與共和黨，在過去其實有相當多的重疊之處，包括新政（The New Deal）、包括雷根減稅，基本上都是透過兩黨在國會當中結盟達成的結果。在九〇年代開始，兩黨重疊的這個情況已經消失，到現在是蕩然無存。現在最溫和的共和黨，可能比最保守的民主黨還要保守。

我知道在臺灣也有藍色與綠色兩邊，在美國我們則有紅色與藍色陣營。大家可能在選擇結婚對象或子女的結婚對象，也會考量到他們是民主黨還是共和黨，檢視政治立場可能比種族、膚色這些因素還要來得要更重視。所以，在這個過程中我們看到，美國選舉在過去這個世代所流入和運用的資金更為龐大，因此很多龐大的利益團體跟政治體系之間，出現了一個結合。在我上一本書（編按：《政治秩序與政治衰敗》）當中，提到了「Vetocracy」（否決政治），透過否決來統治，就是所謂的「否決政治」。用否決來影響了美國政治的走向，也就是影響了美國決策的體系與權利。

舉個例子，國會已經將近二十年沒有透過「常規出貨」（regular order）的正常方式來通過聯邦預算。我們看到每次出現一個危機的時候，比如國會要提高舉債上限之類，都會造成這個政府陷入停擺危機，這不是一個民主國家應該要看到的情況，預算案是應該要被通過的。另外在美國的稅制改革來說，美國有相當高的企業稅率，名目稅率大約是百分之三十五，在經濟合作暨發展組織（ＯＥＣＤ）的國家當中是最高的水準。但我們卻提供不同的、小的利益團體各種補助，無論是民主黨還是共和黨，兩黨都同意要降低名目稅率與減少這些補助，但國會沒辦法這麼做。因為所有去協商補助金的利益團體都有集體否決權，這也是為何川普希望做稅制改革，去降低企業的稅率，但我跟大家打賭，這絕對不可能發生，因為利益團體太容易去否決這樣的提案。

在臺灣的這個政治制度，也逐漸走向和美國類似的情況，很多民主國家都出現這樣的傾向，日本也是，需要政黨的高度共識才能夠去行事。我們在義大利與印度也看到同樣的情況，全世界民主國家開始有這個趨勢，民主的政治系統沒辦法去做出重大決定，因為體制上的阻礙造成了行政阻礙，也引發了「強人政治」（Strongman politics）的需求，你需要一個強人來克服這些困難與阻礙才能夠做出決策。這也是川普為什麼會崛起背後的原因。美國人也很挫折，他們的體制無法產出他們想看到的狀況，他們需要像川普這樣的一個強人領袖，他在共和黨的大會上說「我一個人可以搞定這一切」，用這種方式去說服大家。當然，並不是所有歐洲的民主國家都有這種問題，德國、荷蘭和大部分的北歐國家，他們的民主政治系統有辦法去處理很複雜的問題，比如勞動政策的改革；過去一、二十年他們推動的改革是很成功的。

歐盟與身分認同問題

但歐盟呢？歐盟的體制基礎很薄弱，所以我們看到它出現了正當性危機。為什麼會有正當性的危機呢？首先是他們創造了歐元（EUR）這種貨幣，在當初提出歐元這樣單一的貨幣時，很多專家就警告，你有貨幣同盟，可是卻沒有財政同盟，將會導致嚴重的危機，這些預言都已經一一應驗，像是希臘的債務危機到現在還沒有得到充分解決。我們相信有關希臘所導致的歐洲金融體系危機還會繼續餘波蕩漾。

第二，就是跟他們所謂的申根簽證制度（Schengen）有關，申根制度就是指歐盟會員國所有人民可以自由地在歐盟境內移動，但申根制度的問題是，假如你無法確保、無法有效控制申根地區以外的人如何進入有申根的歐盟地區，就會導致整個制度的瓦解。比如說敘利亞很多難民會透過東歐、希臘轉進入歐盟的其他會員國，只要這些申根地區以外的人用各種管道進入了申根地區，他們就可以在會員國之間移動，就會防不勝防、抓不勝抓。因此很多歐盟的右翼政治人士感到極度的不滿，他們認為因為制度設計不良，導致歐洲出現了嚴重的難民問題。因為他們的邊境措施做得不夠好，導致了這樣的後遺症。這可以說是歐洲到目前為止在制度上無法解決的問題，他們沒有花足夠的錢來控制歐盟的邊境，在這樣的情況下，無論是敘利亞、撒哈拉沙漠以南的非洲國家人民非法地進入歐洲以後，使得歐洲社會很不穩定，歐洲的菁英目前還無法解決這樣的問題。

最後是身分認同的問題，無論是投票支持川普或英國脫歐的人，他們不一定是低學歷或沒有工作機會的藍領勞工，也有一部分是高學歷的菁英分子，因為他們看到自己國家多了很多不會講本國語言、不懂得履行公民義務的人，因此出現強烈的反彈。像我這樣的人很習慣多元文化環境，因為我自己的家人是一百年前從日本移民到美國的，因此我當然贊同美國去做一個文化、民族的大熔爐角色。但別忘了，很多人並不願意看到自己的文化被稀釋，不願意別人進來讓自己的文化特色逐漸消失。所以目前文化多元主義（Multiculturalism）的出現，導致歐美很多白人出現了情緒性的反彈，他們感到在自己國家裡變成了少數民族，「為何國家都立法保護外來、非白人的少數民族？」我們可以看到這樣的訴求開始被過度擴大，比如美國的右翼人士，他們已經把這樣的訴求加以擴大，但的確有這樣的怨言存在。

回看亞洲面臨的民粹與移民問題

接下來談談亞洲，我相信亞洲的情況跟歐美的情況不太一樣。就經濟失衡來講，亞洲與歐美差不多，因為製造業同樣流失了不少工作機會，包括中國創造的製造業機會也已經開始降低，畢竟還有很多國家例如越南、孟加拉的成本比中國還要更低，因此製造業出走到這些國家。例如去年，我們看到南韓的造船業出現一連串破產事件。在臺灣，我相信大家對南韓發生的事都非常清楚，因此，即便是在亞洲，因為經濟失衡也同樣導致大家心中有很多不滿。但亞洲比較看不到極右派、民粹式的保護主義抬頭，民粹主義是存在的，但大部分是由左派的政黨把它當成一種工具。

我們看一下北歐跟南歐。南歐指的是西班牙、義大利與希臘這些國家，他們還有傳統的左派政黨，失業的勞工會投給這些左派政黨。北歐的民粹主義政黨，主要是屬於右派民族主義的政黨，他們打著反移民訴求來吸引勞工選票。亞洲整體來說比較像南歐而不是北歐國家。韓國很快將舉行總統大選，他們的左派政黨民主黨可能會勝選。在臺灣，比較接近民粹主義政黨的是DPP，也就是民主進步黨；在中國，國家主席習近平也算是在操作某種程度的民粹主義，因為他大刀闊斧地進行反對貪污的改革，他針對的對象是共產黨的高級幹部，由於中國很多人原本就對於腐敗的高官非常不滿，習近平等於是抓住他們心裡的想法，但這跟美國川普的崛起不一樣，這不是一個基層草根運動。相反地，在中國，這是統治階級的一種工具，藉此來強化統治地位，我們在亞洲國家都可以看到同樣的現象。

像我最憂心的是日本、韓國與中國。在過去十到十五年當中，我所觀察到的是，他們會教導他們的年輕人必須能夠更加去捍衛民族主義。同樣的，如我剛才所說，這不是由從下而上的草根政治運動產生，而是由統治階級為了鞏固統治正當性所採取的手段。因此，亞洲國家與歐美國家因為右派政黨崛起而出現的民粹主義是截然不同的。亞洲也好，美國也好，歐洲也好，有一個很大的不同，就是在亞洲沒有那麼多的移民，因為我們知道以歐美為代表的已開發國家有很多的移民，而在亞洲就沒有。在亞洲也沒有那麼多的回教徒，為什麼呢？因為我們看到歐洲國家有一個主要的問題，就是一旦有了很多穆斯林移民，這些文化跟歐洲本土的文化是不同的。譬如說在緬甸，我們也看到有穆斯林移民到緬甸之後，也引起當地佛教徒的反彈。但除了緬甸以外，其他國家沒有太多穆斯林的移民。

不知道大家有沒有注意到，亞洲大多國家包括臺灣在內，都有非常嚴重的人口結構危機，就是少子化所造成。美國有一個好處，就是持續地接受移民來帶動人口成長與經濟成長，這樣才能夠帶動經濟進一步的發展。不過在亞洲，我們看到屬於工作年齡的人口不斷在減少與流失，亞洲國家也不該忽視移民問題的重要性。

回到展望未來，自由主義國際秩序的確面臨非常嚴重的威脅，無論是在國內或國際的舞台上，有很多不同的威脅。比如說，中國是一個極權的政府，它從來沒有說它要實施自由主義。另一方面，普丁的俄羅斯也是極權主義國家的代表。而自由主義國際秩序面臨最大的威脅是歐美國家內部的問題，有越來越多的民眾不滿，因此他們舉起了民族主義的大旗。不要忘了，自由主義的國際秩序是歐美國家在二次大戰之後打造出來的。

川普走馬上任後的影響

當然，我沒有辦法在這裡鐵口直斷未來會如何。不過，川普總統當選到現在大約七十天左右（編注：講座時間為二〇一七年四月十四、四月十五日），我們可以看到這幾天，他已經出現很多的「髮夾彎」，他現在的言論和選戰期間的言論大不相同。他說他不會把葉倫（Janet Yellen，現任美國聯邦準備理事會主席）換掉、說北大西洋公約組織是一個很重要的機構、他認為中國不是一個操縱匯率的國家、不會去和中國打貿易戰，開始跟傳統政治人物比較類似的。即使他在慢慢調整自己的言論風格，但是，有些傷害已經造成了。

首先，他引起很多國家的跟進，因為在其他國家裡面，很多政治人物會效法他採取的民粹政治手段來取得政治權力，以外交政策來講，這是非常危險的。我們可以看到，基本上川普總統沒有任何外交經驗，他的內閣閣員包括國防部長、國務卿、國家安全顧問雖然都是很有能力的人，但他們背後沒有像樣的團隊，他們的立場又往往跟川普總統大相逕庭，因此我們很難去推斷川普的外交政策。國際舞台上最重要的是可信度、公信力。無論是你的朋友也好、敵人也好，他們一旦聽到你說：「我不會讓北韓擁有核子武器。」我們必須能相信你是講真的、你會採取必要的行動，去真正防止北韓取得核子武器。但目前我們根本不知道川普的話是什麼意思，他是否有詳細的規畫、能否去兌現他的承諾，我們都不知道。

國家的腐敗威脅自由主義的國際秩序

我們進一步分析還有什麼樣（對於自由主義國際秩序）的威脅存在已經有一段時間了，環顧全球各地，與其說是民主國家與極權體制的不同，倒不如說，我們可以看到有些國家是極度腐敗的。以俄羅斯的普丁來講，俄羅斯的問題並不是「它不是一個民主國家」，而是明天即使俄羅斯舉行公正、公開、透明的民主投票，普丁還是會當選，因為他的民意支持度非常高。以俄羅斯來講不是民主的失敗，而是現代國家體制的失敗，因為我們知道它是一個虛偽的政權，這些當權派所採取的政策都是為了自肥。譬如說，在Youtube上有一段影片，在講俄羅斯總理梅德韋傑夫（Dmitry Medvedev）的種種腐敗行徑，已經超過兩千萬人觀看。這是一兩個星期前，俄羅斯年輕人在九十九個城市站出來抗議，他們在影片中發現當權派是如此地貪污腐敗。因此，我相信政府的治理品質可能是最重要的分界線。這背後最重要的是有很多腐敗的當權派。以美國新任的川普總統來講，他已經上台了，可是好像還是不願意明確地跟他的企業帝國切割，這也是未來隱憂所在。

科技隱憂

最後我要提到的問題是科技的演變。我住在美國的矽谷（Silicon Valley），現在在美國矽谷街上已經可以看到無人駕駛的自動車（self-driving cars）了，美國目前有三百五十萬名卡車司機，其他各類車輛的司機大概也有三百五十萬人，以及衍生出餐廳、加油站、休息站等產業。我相信無人車正式上路的時間可能比大家預期來得早，因為相關人士告訴我，這個技術已經差不多成熟了，只是要花時間說服政府主管機關跟一般消費者：無人車比我們自己駕駛更安全。一旦未來無人車取代了傳統司機，將有很多人失業，他們又能找到什麼工作機會？因此這樣的科技演變也帶來了重大挑戰，這是未來每個國家的政治人物必須面對的課題。

很遺憾的是，到目前為止，我沒有聽到任何政策專家提出比較像樣的對應政策來解決這個問題。經濟學家表示要讓失業者學第二技能跟技能升級的機會，沒有錯，每個國家都該這樣做，但到底我們能夠創造多少工作機會？假如讓一個五十五歲的卡車司機學電腦課跟學寫程式、電腦繪圖設計，老實說，感覺上是有些強人所難，也不是我們的教育體制能勝任的，可能會導致更多人對經濟更不滿，如此一來民粹主義勢必會更加猖獗。這是我們未來不得不面對與處理的艱鉅挑戰。如果我們想繼續維持自由主義的國際秩序——畢竟持自由主義的國際秩序讓我們享受到很多好處，可是要能夠維持這樣的秩序，我們應該好好思考要怎麼做才對。

問與答

第1問：國際秩序的危機是前所未有的嗎？

吳玉山教授

我的問題是：您認為這個國際秩序的危機是一個前所未見的事件嗎？最近，一位知名的國際關係學者在臺北的演說中，提到我們進入了一個歷史的轉變，進入了後自由的國際秩序，其實就我看來，這跟我們當初在一九二〇年代遇到的問題是很相似的。當時面臨嚴重的經濟危機，右派的政治領袖跟政權在那個時刻可以說是為一般民眾的憤怒提供了宣洩的出口。我們看到這些右派、獨裁的政權興起，最後導致了世界大戰的發生。在二〇〇七、二〇〇八年的金融危機之後，我們看到經濟的狀況的確很差，再來看到一些政治的影響，又似乎讓右派的政權再次利用憤怒的民意得以興起。您覺得我們是在重複過往的歷史，還是前所未見的情況呢？

福山教授：

我同意，這絕對不是空前未見的。在一九二〇年代，我們看到有左派的民粹主義者，包括共產黨在全球的興起，我們也看到右派的國族主義興起，有這樣的先例並不是讓人很安心的情形。在一九二〇年代，左、右兩派的民粹主義在德國、義大利、俄羅斯和其他地方興起，進而導致了第二次世界大戰，這顯示背後存在著相當大的風險。但或許我不是這麼悲觀，我們現在的情況比較不容易出現這些團體之間實際的衝突，而是像一九三〇年代的經濟一樣。我們看到當時經濟衰退造成保護主義的興起，導致一些貿易的戰爭，這當然會導致一些極端的政治後果，但目前我不認為我們離這樣的狀況很接近，雖然有過先例，但我不認為這樣的狀況會發生。

第2問：如何逆轉民粹主義興起的風潮？

Chang Chen，大學老師

我覺得您提到的民粹主義非常危險，在臺灣也同樣發生過類似的狀況。三年前我們在臺北有太陽花學運，我們的前行政院長江宜樺院長也因此下台，現在轉任學界。就像您所提到的，我們看到年輕世代反動的情況，我們現在沒有跟中國簽訂自由貿易協定（FTA），我們也被全球貿易協定所孤立，現在只有北韓與臺灣是這樣子被全球貿易協定孤立的國家，我們該如何去逆轉這種造成很大傷害的民粹主義興起？

福山教授：

你說的沒有錯，的確有民粹主義的問題，但我認為，這比較是我們大家熟悉的左派民粹主義在亞洲的運動。我知道臺灣的太陽花學運，但在很多層面上它比較屬於國家認同的運動，不是過於激進的國族主義，如同我們在歐洲，比如法國看到的國民陣線（Front national）或其他右派政黨所呈現的情況。左派的運動是自由主義當中重要的一環，因為他們想要維持開放社會、不會去攻擊媒體、也不會想要去建立獨裁政權或獨裁的政治架構。我不認為它有那麼大的影響是因為，臺灣是不錯的民主政體，有民主體制、透過選舉制度可以造成政權的更替。但是我認為，比較適合描述這些新興運動的重要特性有下列幾點：

第一，反菁英主義的興起；我不認為太陽花想破壞民主制度，他們只是想改變政府而已。第二，大部分這些激進運動是由個人所帶領的，例如川普說他自己一個人就可以解決這些問題，但太陽花沒有這樣的領導特性，所以我不會把太陽花跟西方社會的那些運動混為一談。

第3問：菁英政治無法反映人民需求與敘利亞危機國際無所作為該如何解？

您剛提到這一波所謂民粹主義興起，但是有一個部分是談到比如說英國脫歐；有些英國人認為，太多事情被布魯塞爾（歐盟主要機構所在地）這些菁英所控制，無法反應出他們真實的需求。另一方面，在自由主義的國際秩序底下，當遇到一些危機時，國際社會必須要適時地做出一些措施。但是在敘利亞的危機中，我們一直沒有看到國際社會的作為，因為一直在強調合法性的問題。在這兩個面向上，到底該如何改進我們現在所看到的國際秩序的問題？

福山教授：

我想這是一個非常關鍵的問題，我們需要看到菁英階級必須要能夠了解與修正自己遇到的問題，比如說在歐洲，他們必須要去改變外部環境與國際社會的問題，像是德國人必須提供資金幫助希臘與義大利去鞏固南方的國界，我覺得德國人可能無法要求希臘在財政撙節的部分過於嚴格，因為如果過於嚴格，希臘可能無法償還這樣的債務。在美國，我們有許多的非法移民，所以川普在某個程度上是對的，因為我們沒有真的去執行既有的法令，但我們在執法方面可以強調跟川普的做法有不同，這是美國政治還沒有挺身而出、應該要去做的部分。我想有一些特定的政策改變，能夠去改正導致這些民粹主義興起的問題。但是就像我剛剛最後提到的，我們看到很多科技未來會造成失業的狀況，我不知道我們能否從根本的角度解決科技進步帶來的經濟威脅。我認為民粹主義的問題與挑戰應該還會存續一段時間。

第4問：文化多元主義的未來趨勢與對無人駕駛車輛的看法？

福山教授您提到了文化多元主義好幾次，有些專家預測，WASP（White Anglo-Saxon Protestant，白人盎格魯—撒克遜新教徒）可能會變成少數族群。回到多元文化主義，您覺得這樣的趨勢會對未來造成什麼樣的影響？

您剛剛提到自動駕駛車的問題，美國政府似乎還沒有任何反應，您的看法是如何？

福山教授：

文化多元主義是個非常複雜的問題，我目前正在針對這個主題寫一本書，或許您可以等我寫完這本書後，大家可以再請我來臺灣談這個主題。每個社會都需要有個共同的文化，我們都會有一個默認的原則，像是人們溝通或是合作的默契，這個默契會成為社會系統的一部分。但這不一定需要跟特定的民族、種族或宗教相連結。所以我認為，一個現代民主社會的責任，就是要能夠創造共通文化的規則，要允許公民社會的一個多元性，美國在這個方面是做得相當不錯，讓很多非白人、非歐洲人後裔的公民認為自己在社會當中是不折不扣的美國人，可以去運用他們的才能並對社會產生貢獻。矽谷就是個很好的例子。

當然，也有些種類的文化多元主義是很具備破壞性的，無法讓社會順暢運轉。例如在歐洲，大家擔心極端的伊斯蘭教基本教義派不接受自由主義社會的基本原則，尤其是針對女性權利的部分，他們不接受女性平等這樣的概念，所以完全沒辦法融入歐洲社會的文化當中，這是一個很嚴重的問題。這個社會是否能夠真正吸納不同族群，是歐洲碰到很大的問題，我們需要文化有一定程度的一致性，卻又需要能夠去接受現代國家的多元性。

第二個問題在於自動駕駛的科技問題，美國政府可能可以採取的一個解決方案是去立法禁止它，但是不太可能立法去禁止，你如何有辦法阻止自動駕駛車輛呢？換句話說，你無法阻止自動駕駛車輛的科技去取代低階的技能。即使有人要去立法，我們也不知道該如何做，即使不在美國，在中國、日本與臺灣，我們同樣也看到這樣的自動駕駛車輛發展，這是讓這個問題如此棘手的原因，我不認為我們真的有辦法去對這樣的科技發展踩煞車。

第5問：建立一個完善的國家法治機制過程中，有辦法規避昂貴的司法成本嗎？

我曾經拜讀過您的《信任》這本書，您在該書中提到相對於德國與日本，美國的一個缺點是它有濃厚的訴訟文化，大量的社會資本、資源被不必要的官司消耗掉。那您是否認為，在建立一個國家完善的法治機制過程中，我們有辦法規避掉昂貴的司法成本？

福山教授：

我想，在法治當中有一個很重要的原則，理論上人民應該是可以去控告政府的，問題是誰才有正當性去控告？在加州，有四千萬個公民，我可以用任何理由去控告地方政府，這個實際上有一點太過誇張了。例如有人說我要蓋高架道路，但也有人會提出反對，因為破壞了他可以從窗戶看出去的風景，所以我可以去控告政府，讓它不要去蓋這樣的高架道路，這樣的訴訟問題是可以解決的。也就是你要修法，規定哪些人可以控告政府、例如是哪些環保團體或是有時間方面的限制，一個民主國家不可以允許大家彼此告來告去。印度的狀況更加糟糕，印度的最高法院有約六萬起案件還在等待審理。以印度來講，你甚至不用提出訴訟，因為等待審理的案件實在太多，你只要警告對方你要對簿公堂，對方就會嚇到願意接受你的條件，所以司法改革絕對勢在必行，這樣才不會造成濫訴而消耗更多社會資源，我相信美國也必須要推動這樣的司法改革。

第6問：政府如何應對互聯網時代興起的自由資訊、直接的民意反映？

大陸學生

您剛剛提到說，科技的演變問題。像現在的全球互聯網高度發展，在每一個社會運動當中，互聯網都扮演相當重要的作用，像是臺灣的太陽花、香港的雨傘革命、南韓讓朴槿惠下台的運動，互聯網都起到相當重要的作用。但互聯網、網路這一塊領域，在許多國家，乃至於當前的政治領域當中都還是相當空白的區域。當現在的資訊流動從垂直變成更為平行，民眾之間的交流也非常接近的狀況之下，政府會如何應對這個更為自由的資訊，以及更直接民意的反撲呢？

福山教授：

這其實是一個非常重要的主題，在剛剛的演講當中我其實沒有真的去討論，但也許現在我可以稍微說明。網際網路的發展是一九九〇年代出現的，包括我在內都認為會對民主有很大的幫助，因為我們認為資訊就是力量、知識就是力量，只要你能讓更多人取得資訊，人們就更有能力來參與政治、捍衛自己的權利，這是千真萬確的。你剛剛提到的許多社會運動，你說的一點都沒有錯，這些運動得利於社群媒體的地方非常多。但在過去這一年，我們也可以看到，俄羅斯想要去干擾美國的選舉，這是網路比較不好的地方，因為很多把關的人都不見了。沒有人會去檢核這些資訊是不是事實、沒有人去把關網路資訊的品質好不好，變成很多人容易去散布不實的謠言。在去年美國的選戰當中，我們就看到這樣的例證，很多人根本就在散布陰謀論、不實的消息，現在因為網際網路的關係，傳閱的人越來越多。比如說有個有名的案子，說希拉蕊在美國華盛頓州的餐廳縱容一些戀童癖者，結果真的有人拿槍去掃射這間餐廳，這就是不實新聞可能產生的現實問題。俄羅斯就以此作為工具來試圖干擾選舉，除了美國，包括在法國、德國與其他歐洲民主國家，俄羅斯也正在干擾這些國家的選舉，想要摧毀這些國家制度的正當性。也許德國可以試圖去制定網路相關的規範或法律，德國還是一個有高度共識的社會，他們可以去訂定這樣的法律，但美國就不可能。因為川普自己就是一個不實消息的散布者，你不可能期待他立法規範，所以無論是Facebook、Twitter也好，這些社群網站公司自己可以進行把關的工作，我們不知道他們願不願意，但這的確是棘手的政策議題。

第7問：川普是否會打造新的國際貿易架構？臺灣該如何應對中國與美國？

許毓仁，立法委員

您剛才提到的重點和我要推動的工作有關係，所以我記了很多的筆記。我有兩個問題，第一個跟貿易有關；在今年二月份，立法院組了一個代表團去美國，我們拜會了一些華盛頓首府的美國官員，那時川普還沒有提名內閣的人選，但當時川普已經表示要退出TPP，除此之外，他希望有雙邊貿易談判來加以取代。所以大家都在想說，他對於和其他國家的貿易抱持什麼樣的觀點？我想請問，川普總統是否會打造一個新的國際貿易架構？假如他不喜歡區域性的貿易協定，他未來會如何削減美國貿易赤字？臺灣該採取什麼樣的因應措施？

第二個問題，在大約一星期前，川普與習近平進行了首次會面，川普剛當選時，蔡英文總統與川普進行了電話的對話，引起了國際社會的討論。畢竟中國與美國是兩個所謂的巨人，當這兩個巨人共舞的時候，臺灣該如何自處呢？

福山教授：

我先回答你的第二個問題好了，假如大家對川普總統的一些動作，譬如說，川普曾提到要放棄所謂的一中政策（One China Policy），這些說法對他來講其實都是經過算計的，他心裡的算盤是以此當作籌碼，未來在與中國談判時可以爭取到更好的條件。但是這也意味著當中國給予美國更優待的條件，川普馬上就會把臺灣給犧牲掉。所以我要提醒大家，千萬不要相信川普總統講的這些話，否則後悔都來不及了。

另一個比較大的問題，是你提到川普總統接下來會有什麼樣的實際作為，感覺上不會太多。因為目前他身邊有很多的顧問，這些顧問其實都非常清楚，國際供應鏈不是你說摧毀就可以馬上摧毀。無論是

WTO的規則、北美自由貿易協定，都不是你想不要就可以不要的，所以川普也許會有一些小動作來讓他可以告訴大家：這就是他要的。此外，即使過去的確有，但其實中國目前是沒有在壓低他們的匯率。過去中國對美國傾銷鋼鐵產品，這除了川普總統以外，連歐洲國家也都這麼認為，所以在這個部分，如果有具體證據，川普總統就可以採取強硬的姿態要求中國讓步，但這不代表川普總統要大刀闊斧改變全球的貿易體系，這是做不到的。我相信川普的顧問會給他一些適當的建議，但會針對具體的問題來進行處理。

第8問：從何證明現在的自由主義的國際秩序？社群網站的重要性？

曾柏文，端傳媒前評論編輯

請問以目前的國際秩序體制來講，您是從哪個角度去證明現在是一個自由主義的國際秩序？

第二個問題，我們談到國族主義、民粹主義的崛起，假如我們回顧上次國族主義、民粹主義在國際上占據主導地位的時候，那時的國族主義強調的是國家認同。但目前，即便是右派的民粹主義政黨，他們似乎從未在選舉當中獲得比較多數的選票，換句話說，大家可能有不同的國家、社會認同，比如說有人認同文化多元主義，我認為這當中有一個關鍵是社群網站的崛起。我們都非常清楚，國族主義的崛起基礎是大眾媒體，但時至今日，這個情況已經與過去大不相同。主流媒體已經逐漸式微，取而代之的是社群網站的崛起。換句話說，在我們的討論當中絕對不能忽略社群網站的這一塊。

福山教授：

你最後講的這句話，感覺上好像是說，民族國家（Nation State）會慢慢的被社群網站給瓦解掉。其實就某個角度來說，這種事情已經在發生當中了。跟我小時候比較起來，現在的美國人不見得每個人的觀念是一致的。我剛也提到政黨的兩極化越來越嚴重，如果你住在阿拉巴馬州、路易斯安那州的鄉下地區，感覺上你跟住在舊金山、芝加哥與紐約這些地區的美國人好像是住在兩個不同的國家。

由於社群網站的崛起，出現了很多獨特性很高的所謂「地方性社群」（Local Community），但我還是認為所謂的民族國家是很重要的，因為一個國家代表他們講的是相同的語言，你如果沒有講相同的語言，要拉近彼此的距離是很難的。不要忘了，雖然有這麼多的社群媒體，但透過這些主流媒體，可以讓同一個國家的人民有共同認同的對象。因此我並不覺得主流媒體會完全失去它的作用。當然，像是西班牙的加泰隆尼亞或是英國的蘇格蘭，他們想要獨立，不過主流媒體還是維繫整個國家很重要的一個機制。

那麼，如何去界定國際秩序是自由主義的國際秩序呢？這都是相對的。譬如說一九七〇年代和一九三〇年代，如果我們來做比較，在一九七〇年代以後的投資與國際貿易，這些貿易障礙與壁壘跟一九三〇年代比起來少了很多，而且足足有三十年的時間，國際貿易的成長率超過了經濟成長率。我們可以明顯看到，國際貿易的發展非常蓬勃。但跟過去比起來，這些速度目前已經減緩，因此現在去看貿易成長率，是與經濟成長率相仿甚至來得更低的。換句話說，國際秩序和過去比起來確實受到更多挑戰，但和三十年、四十年前比起來，我們還是認為現在這個國際秩序，是屬於比較自由主義的國際秩序。

第9問：如何建立更強健的官僚體系？

《台北時報》記者

我們看到Vetocracy（否決政治）影響美國政治體制的正當性，尤其是我們看到的強人政治這個情況，您說解決方案可能是更強健的官僚制度，但是要如何去建立這樣的強健制度而不會被政治強人操弄呢？因為我們看到一些狀況，顯示這樣的制度也有可能被這些政治強人挾持而作為私利之用，請問您該如何平衡？

福山教授：

在川普當選美國總統以後，很多人都擔心政治陷入僵局或是政府分立的問題，大家都想要有制衡的力量，以免川普做出一些負面的事情帶來傷害，這是大家很實際的擔憂。我很高興的是，我們確實有這樣的制衡機制，透過這樣的制衡機制，我們可以去減少……讓我舉個實際的例子好了，就是冗長辯論（filibuster）。在二十世紀大多數的時間中，在國會裡，我們要去通過法案需要有微弱的多數優勢，但過去十五年來，冗長辯論開始產生影響，任何法案要在參議院通過需要有百分之六十的票數，換句話說，百分之四十的少數就有否決權，在歐巴馬總統（Barack Obama）任內有許多的法案就是這樣被駁回的。所以我覺得，他們開始執行所謂的「核彈手段」（nuclear option），就是民主黨為了與共和黨抗衡，也開始採取了一些比較極端的手段。基本上我是滿贊成有「冗長辯論」這樣的制度存在。川普是合法當選總統的，他當然有權利去選擇、任命大法官，就像歐巴馬總統當初一樣。我想我們可以減少一些不必要的制衡，但要維繫最重要的制衡制度，例如獨立的司法體系與自由的新聞媒體，透過這樣的方式去避免四千萬的加州公民去控告政府，這是一個極端的例子，希望透過這樣的制度能維繫政府正常的運作。

第10問：敘利亞攻擊行動背後的因素為何？

《天下雜誌》記者

可否請您評論最近針對攻擊敘利亞的行動，請您分析一下這些行動背後的理由，或是一些指控背後的因素？

福山教授：

這點我覺得很難回答，有些陰謀論的說法我覺得不見得能夠採信，阿薩德（敘利亞總統）過去的紀錄本來就很差，他可能必須要為此負責。但我也覺得川普的反應有很多政治因素，因為他必須要向外界強調他和歐巴馬是不同的。川普的這種看法最後是不是能夠轉化為實際的政策，我抱持懷疑的態度。但我不認為（川普）有證據，這次的（化學武器）攻擊事件只是一個攻擊敘利亞的藉口。

第11問：世代差異認知對未來政府的影響？

臺大政治系學生

您好，想請問有關於世代認知差異的問題。我們知道自由主義之所以會衰退、民粹主義興起，是因為在這個制度下有受害者的出現，我們臺灣和世界各地的年輕人可能都在面臨這種狀況。當年輕世代想進入制度，卻發現這個制度與資源已經被把持而產生相對剝奪感。在我們這個世代有更多社群媒體的使用與討論。就您的觀察，這樣世代認知的差異對於未來的政府會造成什麼樣的危機？或是這會是對於政府的一個挑戰與轉機呢？

福山教授：

我認為這不是危機也不是機會，這就是一個現實的狀況，每一個世代都有一些基本的、共同的體驗去形塑他們對現實的認知與看法，這可能是好事也可能是壞事。在之前的共產社會當中，有些人在共產主義的社會下長大。舉個例子來說，在今日的中國，有許多人是在文化大革命當中長大，這一些有經歷過文革的世代為這樣的經驗感到痛苦，因此他們希望能夠推動在鄧小平之下一些開放與自由的改革，他們不想再次經歷這樣的痛苦，不希望單一的領袖有這麼大的權力。但今天我們看到有一整代的中國年輕人成長在文化大革命以後，他們沒有經歷過文化大革命的痛苦、可能也沒有聽父母談過文化大革命的實際狀況。他們今天面臨中國的貪腐成風是過去所沒有的，反而會產生緬懷過去的心態。所以，現在的年輕人反倒容易接受強政治強人去做例如毛澤東所曾經做的事情，但他們的父母因為個人體驗的關係不希望有強人政治再出現。不過，有時候情況可能是相反的，有些父母一輩可能因為保守，希望維持舊有的狀態。你可能要等上一個世代的凋零之後才能推動世代變革。在我撰寫那本關於基因工程的書的時候，我是不贊成生命無限延續的情況，因為人類的演進會有不同的世代交替，你就不用去適應不同的時代。

第12問：中國崛起對自由的國際秩序有何影響？

中國現在是全世界第二大的經濟體，有足夠金錢去購買它需要的東西，對很多國家提供貸款並投資歐美及其他地方。同時它對於網路上人民的監控相當地嚴格。因此我想請問，中國崛起會對自由的國際秩序造成什麼樣的影響？

福山教授：

我想這是明天的演講主題，所以請您明天再來加入我們的討論。今天關於很多影響國際秩序的部分我沒有講，因為我認為這是明天的一個主題，請您明天下午來參加我們的演講與討論。

第13問：美國政治體制的設計造成國會兩極化嗎？政治兩極化是否無法解決？

剛剛在演講當中，您使用美國國會出現僵局的例子來解釋美國政治的兩極化，但我認為美國政治體系的設計並不是造成兩極化、極端化的原因。可不可以請您重新說明與澄清一下，或許是我理解錯誤或是聽錯了，如果是的話在此跟您說聲抱歉。除此之外，大部分您剛剛提到的許多解決政治兩極化的方案，就是去修正政治體系，您剛剛提到，您相信沒有其他的方法來解決這個問題？

福山教授：

讓我再澄清一下我剛剛所說的，問題不只是政治的制度系統，基本上，我們的政治體系從美國建國開始，在過去二百五十年來沒有太大的改變。問題是當我們把自己的政治系統跟政治上兩極化、組織化的利益團體結合在一起之後才發生的，在二十世紀時這兩個因素並不存在。當我們將它們結合起來，就造成了效率不彰的問題。基本上，我不知道政治兩極化的問題該怎麼解決，這是由媒體、由科技或一些想法（意識形態）自行發展所導致的，我不知道這個部分對一些極端分子造成的兩極化該如何解決，這部分可能是無法改變的，但是我們可以改變的是，比如說冗長辯論的制度，也許在改變後能讓我們更有效率，但我不認為這會是整個美國政治系統功能不彰的主要原因，這牽涉到整個美國社會的變遷，能逐漸減少美國人民彼此的分歧。

第14問：川普是最有可能拿臺灣當作籌碼和中國交換美國利益的總統嗎？

您好，我是一個作家，剛才您提到臺灣相信川普總統的言論，我們現在不討論抽象問題，討論實際的。請問您是否反對接下來這句話：在過去四十年來，所有的美國總統當中，最有可能拿臺灣當作籌碼以便跟中國交換美國利益的總統是川普總統。

福山教授：

川普總統號稱自己是一個最會做交易的人，那就是為什麼有些人會認為他很喜歡跟別人進行利益交換。可是我們會避免他這麼做，為什麼呢？因為臺灣在美國國會當中有很多國會議員的支持，事實上我相信共和黨會率先起來反對川普犧牲臺灣去跟中國交換利益，所以我不會去擔心這樣的問題。

結語

江宜樺董事長：

福山教授當然不是美國白宮的發言人，但我們還是很高興聽到這樣的回答。我要代表長風文教基金會再一次感謝福山教授，謝謝您剛才發表非常精采與發人深省的演講。如同一開始提到的，明天我們還有另外一場活動，福山教授要和朱雲漢院士在明天同樣的時間場地進行對談，很歡迎大家來參加明天的對談，請大家再次以熱烈掌聲謝謝福山教授。

| 第二場 |

中美爭鋒及其影響

The Sino-American Competition & Its Impacts

法蘭西斯・福山講座全紀錄 II

江宜樺董事長：

歡迎各位參加我們長風文教基金會所舉辦的公開演講第二場活動，昨天第一場是福山教授的專題演講，演講的主題是〈自由主義國際秩序的崩解？〉，我相信昨天與會的朋友都和我一樣獲益良多。福山教授真的是學富五車，而且有許多寶貴經驗要來與我們分享。在開始之前，我們不免俗地要介紹兩位過去的學經歷：

福山教授目前在史丹佛大學擔任研究工作，是「民主、發展與法治研究中心」的研究員。在加入史丹佛大學之前，他任職於蘭德公司，也是美國國務院的研究人員。另外，他在喬治梅森大學任教，從一九九六到二〇〇〇年擔任政治學系的教授。他也曾於二〇〇一到二〇一〇年在約翰霍普金斯大學任教。福山教授可以說是著作等身，出版超過十本大家耳熟能詳的書籍，許多本甚至翻成二十多種不同的語言。其中最有名的一本就是《歷史之終結與最後一人》。除此之外，他也寫過《信任》、《強國論》、《美國處在十字路口：民主、權力與新保守主義的遺產》、《政治秩序的起源》，以及最近出版的《政治秩序與政治衰敗》。在二〇一五年的時候，他獲得了一個非常重要的獎項，叫做「Johan Skytte Prize of Political Science」，可以說是政治學界的諾貝爾獎。我們非常高興福山教授能夠接受長風文教基金會的邀請再一次造訪臺灣。他昨天的演講以及今天的對談，相信能幫我們對民主政治、民粹主義以及所謂的全球國際秩序有更進一步的了解。

接下來我要介紹朱雲漢教授，朱教授是我在臺大政治系時的同事，目前他是中央研究院政治科學研究所的特聘研究員，除此之外，他目前也任教於國立臺灣大學政治系。他在二〇一二年獲選成為中研院的院士。在二〇一六年，他也獲選「世界科學院」（The Academy of Sciences for the Developing World, TWAS）經濟與社會學門的院士，他廣泛研究社會科學方法論、政治經濟學以及東亞民主化，並撰寫超過十五本以上的書籍，其中最重要的兩本是最近所出版的《*Democracy in East Asia: The New Century*》以及《*Taiwan's Democracy Challenged*》。

請各位以熱烈的掌聲歡迎這兩位貴賓。我們今天活動進行的方式，會請兩位主講人來回答一些問題，請他們兩位能夠針對我們所設定的一些主題來交換意見。當然，我們所設定的問題是與會議主題有關，也就是「中國與美國的關係」以及「中美之間的競爭」。在他們的對談結束後，我們會保留一個鐘頭接受現場朋友的提問。

中美關係的本質

江宜樺董事長：

首先提出第一個問題，這個問題與我們今天的主題息息相關，既然我們要討論中美之間的競爭以及對全球的影響，首先要去界定美國與中國之間到底是什麼樣的關係。有些人會認為川普當選美國總統之後，兩國之間的關係變得比較針鋒相對，有些人認為只是良性競爭，甚至有些人比較樂觀，認為其實兩國之間還是有合作的關係存在。在過去這幾天發生了很多重要的事件，特別是在星期三（四月十二日），美國政府希望在聯合國提出一個決議案，譴責敘利亞政府使用化學武器來攻擊自己的人民，當然，正如大家預料，俄羅斯否決了這項決議案，不過呢，中國反倒是不阻擾這項決議案，所以有些人認為這意味著中美兩國未來有更多合作空間，對世界會產生深遠的影響，畢竟川普總統坐鎮美國的白宮，而習近平是中國的國家主席。在這樣的情況下，請福山教授談談您對中美兩國關係的本質有什麼看法。

福山教授：

謝謝江教授，再次謝謝各位朋友，讓我有這個機會參加長風文教基金會舉辦的活動，也謝謝大家參加今天這場對談。我們當然會花很多時間來分析，美國的新政府接下來會採取一些什麼樣的作為。可是我要提醒大家，過去這個禮拜他（川普）講了什麼其實沒有那麼重要，因為他上星期講的話跟之前都大不相同，無論是南海、南韓部署的薩德飛彈等等……這些重要的美國政策，他其實都沒有既定立場，所以不能夠根據過去這個星期他發言的內容去作出任何結論。我想要講的是中國與美國雙方關係的主要架構，我們必須要去區分它們在經濟上的關係和策略上的關係是不一樣的。如果是在經濟方面的關係，比較多是競爭與合作的機會，但如果是發展策略則是零和遊戲的局面，換句話說，你可能在發展策略方面沒有合作空間。

我們先來談談經濟好了，其實滿有意思的，因為歐巴馬總統在處理與中國的經濟關係時把它當作一種零和的競爭關係在處理，比如說TPP（跨太平洋戰略經濟夥伴關係協議，The Trans-Pacific

Partnership），當初一開始提出這個倡議時，它是屬於策略性的倡議而不是經濟性的倡議。雖然它有很多經濟發展的目標，希望能夠針對貿易的規則進行調和，而且希望在亞洲為美國的商品與服務創造更多機會。不過呢，ＴＰＰ被很多人解讀為是為了抗衡中國所樹起的一道障礙，因為他們並沒有邀請中國加入ＴＰＰ。假如他們真的是要促進經濟的合作，那為什麼沒有邀請中國呢？提到ＴＰＰ的背景，一開始是日本與美國討論，是否有什麼方法透過貿易協定去防範中國，可是呢，川普上任第一天就退出了ＴＰＰ，可能是因為他根本就不了解歐巴馬總統的用意在哪裡。

可是關於亞洲基礎建設投資銀行（Asian Infrastructure Investment Bank, AIIB），歐巴馬總統過去做了一件蠢事，他們想要去抵制這個銀行。但包括日本也好、美國的其他盟邦也好，其實都沒有採取跟美國一樣的立場。當我們談到亞投行，如果美國願意加入的話，其實可以發揮更大影響力。中國創立亞投行，是要證明它有能力去主導一個國際組織，是用國際標準——而非較低的中國標準——來設立這樣的國際組織。假如當初美國願意加入亞投行的話，它其實可以發揮更大的影響力，比如說在基礎建設的貸款方面，是不是應該有什麼樣的防衛措施，但美國沒有這麼做。歐巴馬總統反而將其視為中國想在亞洲、國際上要樹立霸權地位，所以他有一點負嵎頑抗的表現，但日本與其他盟邦並沒有跟進美國的做法。我相信其實在這方面中美是有合作空間存在的，在很多方面，美國其實可以和中國學習，這和發展模式有關。中國的發展模式與美國截然不同：中國是以國家從事基礎建設為主，而美國不再這麼做了。因為美國政府無論在美國本土或在其他國家，都已經沒有大規模基礎建設的投資計畫，這反而是美國可以跟中國學習的地方，而且可以改善雙邊的關係。

當我們談到「一帶一路」(One belt and One road)，情況又不一樣了。因為，「一帶一路」是針對亞洲與歐洲，中國很有企圖心，它所提出的計畫有它的策略目標，跟亞投行的目標是不太一樣的。當我們去分析這兩國的策略關係，就像我剛才說的，兩國合作空間變得非常有限，因為這和美國的國際聯盟關係有關。他們一再提到所謂像是「G2」的聯盟，就是全世界最強大的兩個國家，也就是中國與美國，應該透過直接的對話來管理雙邊的關係，可是我覺得這其實是不太務實的想法。這讓我想到以前十九世紀的歐洲列強，他們認為其他國家都是歐洲國家的殖民地，他們可以私相授受、互相交換彼此的殖民地，但今天全球的國際結構已經和過去不一樣了。美國跟日本、南韓有聯盟關係，美國和臺灣雖然沒有聯盟關係，但是美國對臺灣是有承諾的。

因此，如果我們看今天的世界局勢，美國沒有辦法去跟中國說要跟中國交換什麼，比如用臺灣來換南海，這個是行不通的。當我們提到美國現在捲入了很多爭議，其實主要都是跟它盟國的利益有關，我相信南海也是這個樣子。因為針對釣魚台的歸屬問題，當然是比較混沌不明，美國表示它會支持日本，可是呢，美國到底是不是有明確的主張跟政策？其實很難說，等一下可以聽聽看朱教授的看法。不過提到類似釣魚台的歸屬問題，它是有一些隱憂存在的，而且我們一再主張航行自由，這當然會惹得中國老大不高興，所以要能夠達成協議老實說非常困難，不過還是有一些地方能夠進行對話，比如網路世界。無論美國或是中國，其實都做了一些傷害對方的事情，中國偷了很多很多的智慧財產權，當然我們不知道美國從中國偷了什麼，但網路世界現在可以說是一個化外之地，沒有任何的規則存在。所以，中國與美國應該可以透過雙邊的合作，在技術上面——我們不確定是否可行，但至少可以設法建立一些規則，可以有一些建設性的協商結果。

有一些問題，譬如說當我們談到航權自由，或是其他的議題，我們都需要建立新的機制。比如說，現在中國已經建立了規模較過往更為龐大的海軍，因此我覺得在這邊還是有很大的空間。在把麥克風交給朱教授之前我想請教一個小問題，您覺得美國政府對中國政府的看法為何？您覺得美國會否接受中國一起共治國際的秩序？還是把中國當作其他形式的策略合作夥伴？老實說，如果回顧到目前為止的行為，我覺得美國很難接受中國成為一個平等的合作夥伴，大部分美國人我想是真的還沒有做好這個準備。基本上我們可以看到，譬如說從亞投行這個議題上，美國對待中國的方式就可見一斑，我們都在想：

中國是否真的有辦法有效地去管理這個機制，或是覺得中國怎麼敢去制定自己的國際組織與銀行機制？這不見得是華府的錯誤，因為中國會去建立自己的銀行是由於美國國會不願意通過相關法案，讓中國在相關的領域可以有較多的權力。理論上，民主黨可能會比較支持和中國開展更友好關係的做法，但在實務上可能很困難。同樣的問題我也要請教朱教授的看法。

朱雲漢院士：

我也感謝主辦單位長風文教基金會的邀請，也非常高興我的同事江教授的邀請。我非常榮幸跟福山教授，也是我長期合作的同事來共享這個舞台。首先我想分享幾點自己的觀察，然後談論我的觀點。我同意福山教授的看法，在地緣政治以及戰略領域來說，我認為中美雙方合作的空間相對是有限的。

就歷史來說，和平的轉移，無論是從一個超級霸權轉到另一個霸權，還是防禦另一個霸權的崛起，雙方要維持和平合作基本上都是困難的。我們目前也可以看到國際局勢處在一個高風險的階段，很多人說中國可能取代美國的地位，外界都擔心這樣對峙的局勢可能進一步升高，造成一些軍事上的衝突。除此之外，我們也看到一些東亞的問題與爭議點，包括南海、北韓的核武問題、釣魚台歸屬問題等等，這些問題當中任何一個都可能導致兩個強權，尤其是所謂核武強權之間的軍事對峙程度升高。如果真發生這樣的情況，後果可說不堪設想。

歷史上確實有過一個霸權和平轉移的先例，就是在第一次世界大戰到第二次世界大戰時的英國與美國之間的權力轉移，但我們必須強調，基本上這兩個國家同屬盎格魯．撒克遜（Anglo-Saxon）種族，而且兩者之間有非常緊密的文化關聯性，所以這可能是特例。相對而言，美國與中國之間的政治體系，經濟制度，或者是其他方面都有很大的不同。儘管如此，我認為現實主義者看法可能過於悲觀，畢竟我們現在身處一個核武相互毀滅的絕對嚇阻時代，我相信雙方都能有所節制，不至於讓爭端最終引發軍事衝突。這也是為什麼之前歐巴馬總統多次否決國防部派遣軍艦到南海爭議海域的提議，我想之前歐巴馬任內大概只有兩次核准，目前川普也是重複地否決海軍派遣軍艦的提議。我相信在兩國之間還有一些非正式的管道，來確保在兩國之間不會有錯誤算計或是不良溝通。那當然，雙方都不願意在檯面上過於讓步或顯得示弱，但也不會讓問題超出無法控制的範圍。

在經濟層面上，我認為目前在這個時刻，中美雙方經濟體可以說是有非常緊密的關係，包括金融、貿易，而且透過全球供應鏈緊密地交織相連，這可以說是中美這兩個社會的菁英之間也有相當緊密的網絡關係，也許不像英美之間那麼緊密，但我們可以看到跨國社會菁英網絡是一個非常重要的因素，能夠幫助兩國政府去找到合作空間，另外也希望能夠去確保在持續的經濟交流上面不至於中斷。事實上，雙方有很多互惠合作的機會存在。這樣的一個相互適應與遷就當然不是那麼容易，美國人可能還沒有準備好接受中國跟他們平起平坐，更不用說甚至居於中國之下，我想沒有任何一個美國總統會允許這件事情發生，甘於居其次的位置。不過我還是要指出，未來十到二十年，美國政府與社會菁英必須要了解他們會經歷一個非常艱苦的學習階段，去調整、適應這樣一個新的現實，也就是：在很多領域要能夠承認美國地位可能會被中國取代，而且這樣地位的交替可能無法逆轉。

可是我必須要強調，中美兩者之間的利益不見得都是彼此相容的，有些領域是相容的，比如全球暖化。雙方的利益不少地方是彼此牴觸、衝突的。不過我相信，兩國的政府在理智思考之下，必須要去認清這樣的一個事實：中美兩國必須要能夠和平共處，同時排除歧見，朝向更具建設性的方向來合作，我想這是未來的大方向。至於如何去解決過程中的負面影響，對中國來說不見得是很大的問題，中國可以說是這種自由國際秩序的主要受惠者，雖然中國可能希望能夠更進一步去改革現有的全球治理機制，讓他們更符合發展中國家的需求，但是在維持現有全球經濟交換與合作的基礎制度上應該不會有太大分歧。

福山教授：

我要特別強調一點，可能造成衝突與合作的領域就是韓國。

美國是否會和中國因北韓核武危機問題而合作或衝突？

江宜樺董事長：

是的，我想在場所有來賓也非常好奇朝鮮半島局勢接下來的發展與變化，美國是否在這個問題上能夠和中國合作或是展開衝突，在北韓的核武危機方面，您的看法如何？

福山教授：

我想我不會針對這個部分做任何預測，很難預測政府會怎麼做，但是有幾點需要強調。第一點，北韓的這個危機在「質」上面和兩年前是不一樣的，北韓去年進行第五次核子試爆，可見這個年輕領袖基本上願意承擔較過去更高的風險。美國的情報圈也在研判他是否真的有可以射到美國西岸的核武飛彈，沒有任何美國領導人願意讓這個情況發生，我也看不到有任何好方式可以阻止。制裁的方式沒有用，積極接觸也沒有太大成果，但或許有些機率去使用一些軍事力量來解決這個問題，但是在背後我們認為可和中國採取合作的機率也是有可能的。

川普認為他可能可以交換一些東西來跟中國合作，這個做法可能有點不切實際，因為中國不希望看到朝鮮半島統一。南韓和美國已經有良好的結盟，中國不希望這股美國的力量進一步滲透到北韓。這個問題的可能解決方案，是如果美國可以承諾終止和南韓的聯盟關係，直接地解決，但中國方面可能不希望談這件事情，他們在協商的過程中一直希望避而不談，中國不願意去朝向與北韓的聯盟消失不見的可能性去談。有趣的是，川普是否有了解到這是一個潛在的談判籌碼？如果他願意提供一些東西跟中國交換。不過，目前沒有美國的領導者願意去承擔這個風險（指解除與南韓的聯盟），但你可能會被迫去做這樣的嘗試，尤其在局勢變得危急時。

美國外交政策的未來變化？對全球事務的態度？如何維持對歐盟的承諾？

江宜樺董事長：

接下來我想請教：您覺得美國的外交政策在未來幾年會有什麼樣的變化？因為在您昨天的演講當中，您提到我們過去有一個比較自由的國際秩序，它是以自由貿易和許多的協定、合作為基礎的，而美國一直是維持這個秩序的領導者，但在川普上台後，美國可能會改變它的外交政策，在方向上會有所變化。您覺得美國是否會在全球事務上的態度有所變化或是收手？那麼美國要如何維持其對盟國的承諾，或是如何建立他們的合法性與信心去因應未來的政局呢？

福山教授：

我想，現在川普已經逐漸意識到他沒有辦法從你剛才提到的國際秩序當中撤退回美國，比如說，如果他要重新洽談北美自由貿易協定。但別忘了，北美自由貿易協定區現在彼此的貿易關係非常緊密，除非你只做無關緊要的修改，否則一定會碰到非常強烈的反彈。就像我昨天說的，有些特定領域，譬如鋼鐵產品，美國當然它可以有明確的立場，但如果要大刀闊斧改變國際貿易的規則，比如百分之四十五的邊境稅，我相信他的顧問一定會勸他不要這麼做。不要忘了，中國和美國之間還有很多的結構性因素存在，不是一夕之間可以扭轉的，這個自由主義的國際秩序也不是那麼容易摧毀。

江宜樺董事長：

美國對很多的盟邦、很多組織有承諾，比如說像是北大西洋公約組織，以及國際的經濟組織譬如說像是ＷＴＯ，您認為即便川普也許心裡面可能不太願意沿襲歐巴馬總統的做法，但他是否不容易去撕毀這個承諾？

福山教授：

沒有錯，一些比較大型的國際組織不是那麼容易摧毀的，也許美國不會再花更大力氣去維持、擴大這些國際組織的影響力，也許它會去向盟國施壓要其他國家承擔更多軍事費用，譬如說北大西洋公約組織就是如此。川普已經改口說北約不是過時的組織了，但他仍在施壓德國好讓他們支付更多軍事費用。其他的美國總統也都有過類似抱怨，但川普講這話反而比較有公信力，因為川普信誓旦旦地表示如果你不付更多費用，我們可能要重頭來過，這是川普跟其他總統不一樣的地方。

朱雲漢院士：

回到朝鮮半島的核武危機的問題，剛好福山教授在史丹佛大學另外一位資深同事裴利博士（編按：William J. Perry，當年柯林頓總統的國防部長〔一九九四至一九九七年〕，曾受柯林頓之命組織跨黨派專家小組檢討對北韓政策，並於一九九九年十月提出「裴利報告」〔Perry

Report」，主張採取先談判，談判不成則圍堵的「兩手戰略」（Two-Prone Strategy」）前陣子到臺灣訪問，我剛好有機會跟他討論了很長一段時間。我其實同意他的看法，那就是剛剛福山教授說的「Grand Bargain」大協商的方式，來解決朝鮮半島的危機。

比如說，假如兩韓真的統一，美國是否願意從朝鮮半島撤軍，以解除中國心中的疑慮？但中國有可能接受嗎？其實中國不太願意去碰觸這樣的話題，但我們覺得還是有一些可能合作的空間存在。因為中國對於北韓現在很多的做法已相當不滿了，兩方關係已經沒有過去那麼好。因為中國也搞不懂北韓一而再、再而三地挑釁是什麼意思，到底北韓要的是什麼？其實，北韓的底線是希望不要被摧毀，希望能夠繼續存在於國際舞台上。在這樣的情況下，北韓當然希望可以得到所謂的安全保證，包括美國保證不去威脅其政權生存，此一保證並得到中國與俄羅斯的背書。

北韓也希望以凍結核武計畫來獲取援助，從取消對北韓制裁開始，並由中國、日本、南韓或其他國家對北韓提供援助，在這些可能的妥協做法方面，其實是中國與美國可以合作的地方。事實上，美國曾經試圖要進行這樣的大協商，柯林頓總統（Bill Clinton）主政時曾經嘗試過兩次，在他任期即將屆滿之前，裴利接受柯林頓任命組了一個跨黨派專家小組，希望在國會凝聚民主、共和兩黨的共識取消對北韓的制裁並提供更多援助來換取凍結核武發展，甚至討論到元首互訪與相互承認等一些令人耳目一新的做法，後來我們當然知道裴利的努力功虧一簣。因為小布希上台後就全盤推翻，後來我們看到美國採取單邊主義，將北韓納入流氓國家行列，並威脅剷除政權。在目睹伊拉克海珊的下場後，北韓更決心擁有核子武器。

中國在未來扮演的國際角色

江宜樺董事長：

剛才我們所討論的是美國外交政策的本質，但我們也該花點時間想想，中國未來在國際舞台會扮演什麼樣的角色。福山教授最後寫的這兩本書不斷地強調：一個國家需要什麼樣的特質與能力，要有什麼樣的法治與制度。在這兩本書當中，福山教授也提到中國的發展模式是無法可長可久的，為什麼沒有辦法可長可久？因為假如中國沒有注意到一個好的國家政府需要具備什麼樣的基本能力，那它的發展模式就難以為繼。請問，未來中國到底會扮演什麼樣的國際角色？

福山教授：

假如中國要能夠扮演美國在二次世界大戰之後的國際角色，也就是一個世界強權，但同時又願意為國際社會創造很多所謂的公共財，中國很難做到這一點，為什麼呢？主要是和它的歷史經驗有關，還有會讓它綁手綁腳的地方是還有中共政權在國內的正當性問題。很長一段時間，中國都認為它是國際體系下的受害者，因為從以前列強入侵中國，到二十世紀，美國和當時的蘇聯都聯合起來欺負中國，因此對於共產黨的這些高級幹部來講，他們心裡面還有這樣的陰影存在，這部分是有關歷史發展經驗。還有中共政權的正當性問題，其實中共政權常常在好像很難撫平國內民眾不滿的時候，高舉民族主義大旗，這是令我感到比較擔心、害怕的地方。

因為中國等於是在操弄民族主義，不過是由政府來操弄。對一般中國老百姓來說，如果你跟他提起與南韓或鄰國的爭議問題，感覺一般老百姓都非常憤慨，他們對於這些問題極度不滿。譬如說，如果現在中國與日本或南韓有任何的爭議出現，你會發現中國的政府沒有辦法把民眾怒火壓下去，這在中國是一股可怕的勢力。中國政府一開始是想要操弄這樣的情緒，但它可能一不小心失控就玩火自焚。當然現階段來講，他們不太需要用民族主義作為主要工具，因為他們過去這段時間（經濟）都還不錯，雖然經濟成長率放緩，但至少還有百分之六、百分之七，也還是很可觀的成長率。

我們該思考的是，萬一中國的經濟問題變得更加嚴重，那會怎麼樣？現場很多的經濟學家比我了解更深入，但我認為中國發展模式真的是沒有辦法可長可久，沒有這麼大型的國家可以一直維持高成長，萬一經濟成長率從百分之六、百分之七降到百分之三、百分之四，甚至更糟糕，在七〇、八〇年代之後從未出現過的經濟衰退重新再來一次的話，那中國共產黨政權的正當性會受到強烈質疑，因為他們目前主要正當性來源是經濟表現非常的好，一旦經濟這個護身符消失，那他們會開始訴諸民族主義，但目前應該還不需要面對這樣的狀況。

中國未來的外交政策以及對中國經濟、社會的影響

江宜樺董事長：

朱教授幾十年來一直在觀察中國的發展，請問一下在您的評估當中，您認為未來中國會對其他國家採取什麼樣的外交政策？而這到底對於中國國內的經濟政策、社會的發展有什麼樣的影響？

朱雲漢院士：

這是一個很大的主題，事實上我認為，中國的崛起非常快速，甚至快到超過中國領導人自己的預期。無論是在政治操作上或心理認知

上，他們都還沒有準備好要扮演全球領導者的角色，這是第一點。另外，在意識形態上，他們其實並不想成為接任美國的世界霸權，他們不想去扮演這個角色，但我認為，中國更傾向於根據自己的優先考量與國家利益建立圍繞中國的各種雙邊平台，這個平台有點像是「區域加一」，比如東南亞國協加一、歐盟加一、加勒比海加一、中東歐加中國這樣的概念。在每一個區域當中，一方面來說，他們規模夠大，但還不見得可以和中國平起平坐，但中國希望能夠運用這樣的平台深化彼此之間的關係，我認為這是對中國有利的做法，透過這個方式，中國也可以永遠位於關鍵位置。

另外，我也認為中國在衡量自身能力方面是非常謹慎的，到習近平接班才開始更積極扮演國際領導角色，現在他們已經扮演國際經濟合作基礎體制建設者的角色，過去，為國際社會提供基礎制度建設的角色只有美國，但現在中國也開始。像福山教授提到的亞投行，是第一個非由美國領導的（國際）多邊金融機構，還有金磚五國（BRICs）開發銀行同樣也有這樣的作用，又例如中國的銀聯卡的支付體系，它可以說是中國的Visa跟Master，但銀聯卡也可以取代它們。舉個例子，如果美國制裁俄羅斯，不讓Visa、Master為俄羅斯銀行提供支付系統服務，他們也可以改用銀聯卡系統。又例如全球銀行透過這個SWIFT（編按：SWIFT Code或SWIFT國際銀行代碼，別稱ISO 9362，是於國際匯款時常用於識別銀行的一種代碼）系統的網路通訊平台來進行銀行間的跨境轉匯，而中國現在也建立了一套自己的全球轉匯系統，它有這樣的可能與潛力，有機會進一步坐大，因此在各種基礎制度安排方面，中國都可能發展出相對於美國的平行機制，比如他們有優酷網相對於YouTube，有微信相對於美國的其他社群網站，有北斗衛星導航相對於美國的衛星定位系統（GPS），這個我們該去注意。

另外一方面，我們剛剛提到中國在未來十年、二十年將遇到的挑戰，這些挑戰會是什麼？比如說，我們前面提到了經濟成長模式是否可以繼續下去？我們看到了公部門以舉債搞基礎建設以帶動成長，尤其是在地方政府的層級，這樣的發展模式是否已經到了頂點？還有就是環境問題，空氣污染、可靠的水源供給這些層面問題都很嚴峻。此外，我們也看到年輕世代對於政策參與更為積極，因此政權正當性的議題也被提出來討論。但是我認為，這不是我們在回答中美競爭誰勝出這個問題時，需要先找答案的優先領域。我認為，中美之間的競爭的決勝關鍵是在以下兩個領域：

第一，我覺得最重要的一個指標，就是我們前面提到在科技創新的部分，包括物聯網、新材料、生技、人工智慧，或是其他的領域，怎麼樣去駕馭這些科技對社會經濟的潛在作用，同時減少對社會穩定的威脅，我想這是二十一世紀最為重要的主題：哪個社會可以更有效的利用這些新科技來創造更有效率的政府、增進永續發展，並快速回應社會變遷需求，讓政府在監管法規與提供公共服務方面能即時變革，這是在政治、社會、經濟等各個層面的競爭。美國著名評論家佛里曼（Thomas L. Friedman）很擔心，中國可能在智慧城市、綠色科技、物聯網等發展的速度甚至要快於美國，這些都是我們應該注意的。

第二個領域跟全球治理比較有關。哪個國家比較能夠促進新興國家經濟體與已開發國家之間的共識，並進一步推動全球治理改革的行動計畫呢？尤其是在未來十年左右，我們看到很多國際議題領域都應該獲得更多的管理與協調，以及如何適應這個變化和新的現實。中國目前為全球GDP成長提供了百分之三十的貢獻，中國與其他新興市場國家合起來貢獻了大概百分之六十，西方國家必須適應這個新現實和條件，如果你相信PwC（編按：普華永道會計師事務所〔PricewaterhouseCoopers, PwC〕）的最新預測，當然這是一個比較粗略的預測，到二〇五〇年，全球八大經濟體只有兩個是現在的G7國家，就是美國和日本。德國到時候會是第九大、英國是第十大，屆時G8中其他六個是中國、印度、俄國、印尼、巴西及墨西哥這些新興市場國家，這會是真正重要的競爭場域。

中美合作與競爭對東亞與臺灣有何影響？臺灣該如何因應中美關係的新變化？

江宜樺董事長：

這是非常長遠與有展望的分析，因為時間的關係，我提出個人最後一個問題，我想兩位都可以簡短地來回答：請問您覺得中美之間的合作與競爭對其他國家，特別是對東亞與臺灣的影響意涵為何？您對臺灣的政府與人民有何建言？我們如何去因應中美關係未來的新變化？

福山教授：

這當中有些新的競爭會帶來很多風險，我想大家已經看到譬如說東南亞國協的發展，很難讓所有人站在同一個陣線，因為東南亞的所有小國都希望避免中國來搶占它們的利益，比如菲律賓、越南的版圖或領海方面的問題。到目前為止，中國相當有技巧的採取個別解決的方式，它不會進行整個區域的協商而只有雙邊協商，不會讓東南亞國家有機會一同合力對抗中國，去年我們看到中國對菲律賓的情況就是如此。因此，我想對於一個比較自由的國家來說，要去避免中國勢力掌控不是那麼有利，對臺灣來說也是如此。臺灣在區域的爭議當中處於非常複雜的地位，因為在法律上的角度來說，臺灣時常站在中國那一邊（編按：例如我國在南海堅持「十一段線」的傳統疆界線，以及中共在一九五三年移除北部灣的兩段線後，到今天依然堅持主張「九段線」的問題）。但在權力的角度來說，我想有一點麻煩，就是在所有可能受到中國崛起威脅的國家當中，沒有太多一致性。

但另一個我沒有提到的議題就是「一帶一路」，這是一個非常重要的主題，我想朱教授也可能會提到，就是中國模式是否能夠完全成功？就我所見，這個「一帶一路」跟過往中國跟拉丁美洲、非洲建立關係是不太一樣的。在過去，中國可能只是進口這些國家的大宗商品來供給國內所需。但透過「一帶一路」的計畫，是希望能把中國的重工業外移到中亞或其他國家，使它能夠成為世界經濟中心。基本上如果中國真的能做到，將會大幅改變到目前為止仍以美國為中心的全球經濟體系，他們是否真的能做到？當然，我並不是希望他們失敗，但客觀角度來說他們碰到很多挑戰。這種基礎建設導向的成長在中國國內也許可行，因為他們可以控制很多變數，但到了中亞、到了巴基斯坦、到了中東，他們可能沒有辦法去控制這些因素，這個計畫成功與否，要看其他國家的合作態度與政局穩定度。還有一些其他因素，比如說俄羅斯。「一帶一路」可以說是直通俄羅斯傳統上影響的範圍，目前中俄的關係還算不錯，但我不認為俄羅斯會一直在「一帶一路」上願意和中國保持合作的態度，當然這當中還有很多政治上的不確定性。

江宜樺董事長：

謝謝您提到「一帶一路」的政策，這是個非常重要的策略調整，它也會對其他相關的國家造成一些影響，包括臺灣。雖然在臺灣我們談「一帶一路」談得並不多。回到我原本的問題，您認為臺灣應該對中美關係的未來轉變做什麼樣的反應？

朱雲漢院士：

我想，接下來我要講的……就當前的政治氣氛來講，可能大家不會認為是屬於政治正確的說法。我先分析東亞情勢，再講臺灣到底會受到什麼樣的影響。其實，對東亞地區的國家而言，他們最不希望看到的是被迫在中國與美國的戰略衝突中選邊，競爭沒關係，但他們都不願跟中國有針鋒相對的尖銳對立情況。他們看待中國與美國的競爭，有三個主要角度：

第一，目前美國扮演的角色與中國的角色兩者無法相互替代。中國扮演帶動經濟成長的火車頭，它提供很多基礎建設方面的融資，也在很多國家進行直接投資。美國則是扮演安全秩序終極的保證者、裁決者，這個角色短期內不可能由中國取代，所以他們當然希望中國與美國可以各自扮演積極角色，而不是被迫做出選擇。

第二點對美國就不是那麼有利了，因為大多數東亞國家都認為中國有潛力，未來它的影響力會凌駕於美國之上。無論是這個地區的政府或是人民，東亞地區的國家都認為未來中國的影響力將越來越可觀，這個預期讓許多東亞國家不願選擇與中國對立。

第三點，東亞國家都認清一個地理的現實，畢竟中國永遠是他們的鄰國，但美國隨時可以拍拍屁股走人，所以對東亞地區國家來講，它們長期的發展還是跟中國息息相關，因此大部分國家不願把中國當作長期的敵人，因為中國會一直在亞洲。

我相信臺灣一樣受到這三個面向的制約，臺灣不是可以隨時開走的不沉航空母艦。有些人開玩笑說，臺灣要是可以跟古巴互換地理位置就好了，當然這是幻想。我同意福山教授的看法，在與中國大陸發展密切的經濟往來關係時，我們勢必要關心如何保持自主的政治地位的與妥善控管風險。因為我們知道如果經濟上跟中國大陸更緊密整合，管控相關的風險很重要。但別忘了，臺灣想要繼續在亞洲以及全球經濟體系當中扮演重要角色，我們不可能繞過中國。臺灣沒有一個繞過中國的全球化戰略選項。

江宜樺董事長：

可否請您說清楚一點，什麼是「我們不可能繞過中國」？

朱雲漢院士：

我是指，我們不可能不跟中國交往；相反的，我一向主張，我們必須要跟中國大陸有更多接觸才能降低這種緊張的氣氛。因為我們剛才提到，無論是臺灣民族主義或中國民族主義，如果一再被激化，很可能會出現很不好的結果，所以必須要有更多交往。臺灣有很多軟實力，我們可以盡量去發揮。在過去三十年，我們已經發揮了很大的影響力，而這些作用可能是很多西方媒體所忽視的。過去，中國大陸借鏡我們的公共治理方式、如何提供便民的政府服務；還有我們的非政府組織與宗教組織，有很多經驗和很好的實際做法，也對大陸發揮正面影響，還有如何規範金融產業、制定破產法律，這些也對中國大陸有啟示意義。比如說，以醫院管理為例，彰化基督教醫院不是一家很大的醫院，但有很好的人性化管理，近年來他們一直扮演幫助中國大陸大型醫院進行管理體制改革與改善醫病關係的推廣者角色，因為他們的管理人才被對岸醫院延攬為顧問，而且需求量非常地大，後來他們就成立了一個培訓中心，每年都有來自中國大陸醫院的高階行政人員來彰化基督教醫院接受培訓，學習如何建立一個友善、管理良好的現代化醫院，這就是一個很好的例子，像這樣的例子不勝枚舉。

問與答

第1問：美國和中國的競爭關係和過去有何不同？對國際經濟安全的影響為何？

福山教授您好，我來自國立政治大學，想請教美國和中國之間的競爭關係和過去會有什麼樣的不同？例如說TPP、RCEP（區域全面經濟夥伴關係協定，Regional Comprehensive Economic Partnership）、亞投行和一帶一路。我們很明顯的可以看到，這兩個國家之間一直是競爭關係。可是呢，川普總統上台之後，他的行事作風好像是大家沒有辦法去預測的，他退出了TPP、想要撕毀北美自由貿易協定，他甚至也指控日本、韓國還有北大西洋公約組織這些盟國是在占美國的好處。所以我想請問一下，美國與中國未來的競爭關係會跟過去有什麼樣的不同，這對於國際的經濟和安全會有什麼樣的影響？

福山教授：

我想講的是，我剛才也提到過，在國際政治體系當中有一些結構性的因素存在，因此逼得川普總統不得不照規矩來。因為他發現說原來美國有這麼多的盟邦，不能夠說一下子就一腳把他們給踢走了，畢竟我們有非常密切的經濟合作關係，而且我們也有歷史淵源的一些政治面的關係，就算他再怎麼不喜歡，國會議員也不可能讓他為所欲為。在這樣的情況之下他不太可能憑一己力量完全的扭轉美國的對外關係。特別是在他任命的很多官員當中，有很多人其實可以說是非常傳統的政治人物，也就是他們的外交政策應該是和美國傳統的外交政策是一樣的。有很多右派的評論家，他們現在說：「雖然我們選出了川普，但感覺上現在坐鎮白宮的還是希拉蕊。」因為他們的外交政策還是比較傳統的外交政策。

第2問：北京模式對開發中國家的吸引力問題？是否會傷害自由主義的國際秩序？

張育軒，端傳媒臺灣編輯

謝謝福山教授精闢的演講，我想請教，近年來，好像「北京模式」（又稱北京共識，Beijing Consensus），對於很多的開發中國家很有吸引力，所謂的北京模式，就是透過國家政府的力量來管理經濟的發展，這和「華盛頓模式」（又稱華盛頓共識，Washington Consensus）截然不同，華盛頓模式強調的是自由市場的機制。除此之外，有很多開發中國家好像比較喜歡跟中國合作，因為中國基本上比較不會去過問它們國內的人權問題。所以在地緣政治的競爭當中，中國是不是會占上風？長此以往，會不會傷害到自由主義的國際秩序？

福山教授：

我昨天其實有提到過，因為我真的相信，雖然在過去十年，中國感覺上取得了重大的成就。但無論是政治發展也好、經濟發展也好，我們不能夠只是看短短的十年，可以再做更具體的分析。中國的優勢在於它有很多的錢，而且可以拿很多的錢來做這些基礎建設的投資。過去這兩三年，我做了一項研究計畫，就是在比較中國以及西方國家在開發中國家所從事的基礎建設計畫。因為在這方面，中國跟西方國家的競爭是非常激烈的。中國在這方面動作很快，他們有很多的錢，可以提出很多超大型的計畫，可是假如是世界銀行（World Bank）或是美國的話，在這方面跟中國是沒得比的，因為他們需要公開招標，而且美國在這方面也沒有進出口銀行，可是中國有。不過在另一方面，不要忘記一件事情，美國、世界銀行和其他機構，他們強調的是法治、保障措施和很多體制方面的保護，所以長期來講絕對有它的好處。中國現在在很多糟糕的地方投資，因為他們宣稱他們不希望介入這些主權國家的內政，因此他們去剛果、委內瑞拉、薩爾瓦多這些地方進行投資，但其實這些效果是很糟糕的，中國虧了很多的錢，這些計畫成績一定也不好，對環境造成了很多的傷害，以及這些國家漠視了勞工的權益等等。所以在這些方面假如我們要去評估，到底是「北京模式」還是「華盛頓模式」比較好？我們要很謹慎，因為長期來講法治是非常重要的部分。

第3問：中國在國際世界所扮演的角色是？

幾年前有一本非常有熱門的書叫做《當中國統治世界》（*When China rules the world: The End of the Western World and the Birth of a New Global Order*），那我想聽聽看您對這本書當中提到的一些觀點的看法，根據您的觀察，中國在國際世界中所扮演的角色。

福山教授：

對不起，我對這本書當中的內容不是太清楚，所以我不知道該怎麼樣來做評論。我的觀察是，我不認為中國的模式真的能夠去出口到其他的任何地方，但是基本上，美國的模式也滿成功的，出口到了許多其他國家包括臺灣在內。中國的模式在基本上是跟很多中國文化中特定的條件有關，所以我覺得很難看到它能夠放諸四海而可行。有一些比較低品質的獨裁政權會假裝他們是遵循中國的這個模式，但不一定是真的如此。

第三位提問者再度補充：

我重新定義我的問題，在西方的社會，過去幾年，他們希望像是一個傳教士一樣去說服別人來接受他們的觀點。但是這本書是一個英國人寫的，在英國、美國、香港、日本都有演講過，他說中國沒有想要去出口他們的想法或是意見，而是用非常不同的方式來發揮影響力。是不是請各位教授回應一下？

朱雲漢院士：

好的，我也想要澄清一下，關於馬丁・賈克（Martin Jacques）寫的這本書呢，他是英國平面媒體的一個評論家，一方面，這本書提到中國支持文化的多元性，鼓勵每個國家都能夠根據自己的國情來發展，沒有說放諸四海皆準的單一模式，所以中國並沒有要積極輸出自己的發展模式。但是這本書也提到了全球秩序的中國化，換句話說呢，中國是一個和西方國家有相當不同世界觀與文化傳統的國家，而目前的國際秩序是以西方價值觀與文化傳統為基礎建立起來的，中國崛起後，國際秩序可能要開始適應中國的世界觀，而不是期待中國融入現有的秩序。這是作者馬丁的重要論點，但許多國際關係學者，包括一些中國大陸的學者，不見得都同意馬丁的觀點或看法。

江宜樺董事長：

所以這也是您的觀點嗎？

朱雲漢院士：

我是認為，最終而言美國還有整個西方社會的國家，都會經歷一場與中國互相調整、相互適應的過程，最後浮現的新秩序會是一個複合式的體制或是系統，讓不同的理念與文明可以和平相處。

第4問：經濟繁榮與自由的抉擇——對在場來賓的提問

Cheng Chen，大學教授

剛剛朱教授提到了，有些事是對的，但不見得有政治的正確性。在這方面，尤其在亞洲這個區域，很遺憾的是，我們剛剛前面提到了很多，包括我看到在場的年輕世代，他們認為，不要跟中國有積極的接觸，所以很多事情都停擺了。但是我認為這個問題可能不是要提出給台上的貴賓，而是要提出給在場的年輕朋友們。你們是比較希望看到經濟的繁榮？還是你們比較希望看到自由，兩者之間可能要做一個選擇，兩者可能很難兼得，但我想要請問在場所有的來賓這個問題。

江宜樺董事長：

就像您說的，我想這個問題不是給台上兩位講者，而是給其他的來賓。那就謝謝您的評論。

第5問：中國未來十年是否會出現重大政治變化？若有，對兩岸關係的影響是？

福山教授您好，我是來自東海大學的中國籍學生，主修政治。我讀過您的大作《政治秩序的起源》，基本上這是我的教授推薦我讀的一本書。您提到，中國的經濟模式是難以持續的，但是我有個問題想請教：您覺得中國在未來十年可能出現重大的政治變化嗎？如果有的話，會對兩岸關係造成什麼樣的影響呢？

福山教授：

剛剛朱教授有提到了很多這些挑戰，中國在發展過程當中，必須要從一個中等所得的國家成為一個高所得的國家，這中間的挑戰是很大的，在「質」上面會是完全不同的一個政策。你的經濟成長與生產力可能要透過完全不同的方式，跟過去動員那些未使用資源的做法是不一樣的。所以我們會看到包括教育體系、教育制度，提供創新環境這些不同的因素與挑戰。所以我不確定是否能夠針對這部分做出這樣的評論，中國是否能夠做出這樣的轉變，真的需要很大的努力。

就理論上而言，我質疑的是，例如像美國和整個西方社會都認為，我們如果沒有高度的政治自由就很難擁有真正的創新，這是西方社會普遍的一個信念。但是整體來說我認為似乎不是如此，中國也正在挑戰這樣的想法，中國也有產出很多創新的科技與企業家，但同時他們的政治自由是相當有限的，所以我們需要去觀察他們是不是能夠真的去朝向這個方向，就是政府在決策方面擁有這麼大權力的狀況下繼續發展。

第6問：川普未來是否還能以人權做籌碼與中國交鋒？

我想請問，川普總統算是美國過去幾任總統以來最不重視人權的一位總統，那當他對上中國之後，以往的美國總統都可以用人權當作一個武器去攻擊中國，那未來您覺得川普總統是不是還有機會拿人權這件事情去跟中國交鋒？

福山教授：

這個問題要回答好像還滿簡單的，但是我可能要去質疑您所說的提問的前提。我認為很多的總統候選人都會去批評中國的人權問題，但是沒有一個總統真的把人權當作中美關係之間一個真正重要的議題。它從來沒有限制到經濟狀況或地緣政治的問題。所以我覺得這比較是針對美國國內民眾政見的一個說法。總統的做法都差不多是比較務實的，川普他從來沒有提到……他大概一輩子都沒有提過跟人權有關的事情，這是我的看法。我認為，如果他突然想到人權是一個重要議題，尤其是去跟中國這麼大、這麼重要的國家提人權這個問題的話，我會很驚訝。

第7問：俄羅斯在中美關係中的角色為何？中美對峙的熱點地區在哪裡？

曾柏文，端傳媒前評論編輯

兩個問題，第一，我想請兩位稍微討論一下，俄羅斯在未來中美關係當中扮演的角色為何？第二個問題是在中國跟美國之間的對峙上面，我們事實上可以看到一些對峙的熱點可能是北韓、南海、臺灣或者是貿易及貨幣戰的力量等等，我的問題是，是不是可以從中美雙方面分別去列出這些對峙熱點的優先順序排名？

福山教授：

你提到俄羅斯，我想，在中美的關係當中，它不會扮演直接的角色。不過美國跟俄羅斯的關係好像越來越惡化了。雖然川普在競選期間信誓旦旦要改善與俄國的關係，但他好像辦不到。以目前美國的外交政策來講，它大概有百分之五到百分之十的注意力是放在亞洲，剩下百分之九十、百分之九十五都是擺在別的地方，例如俄羅斯或中東，在這樣的情況下當然是對中國有利的。不過我想我們提到未來中國與俄羅斯的關係會變得非常重要，因為中國積極地推動一帶一路，會直接穿過俄國掌控的地區，所以他們有可能會變得比較緊張。

朱教授的看法是？

朱雲漢院士：

我想，中國在面對中俄雙邊關係的時候，向來是非常冷靜客觀的。也就是說他們不會有太多不必要的想像，不存在太多的幻想。譬如說，在天然氣輸送管路這個問題上，中國和俄羅斯之間經歷了漫長而艱辛的談判。除此之外還有軍事科技移轉的問題，也不是想像中那麼平順。其實，中國跟俄羅斯之間，他們的關係是忽遠忽近的，但某些地方的確有互相合作的誘因存在，比如說共同對抗美國與西方國家。我們應該觀察的是，上海合作組織（The Shanghai Cooperation

Organization, SCO）的地位會否獲得進一步的提升？目前好像僅限於是一個反恐安全合作的架構。我相信，這跟剛才福山教授提到的政治風險、一帶一路所帶來的政治風險也有關係。假如說上海合作組織的地位可以進一步提升，能夠擴大它的規模讓印度、巴基斯坦也加入，或者說有無辦法讓這個組織深化，包括說它的議題與機制。如果沒有辦法深化，那對於中國與俄羅斯之間的關係幫助是有限的。至於在美國這方面，我想我要特別強調的是，川普他到底只是一個特例，還是說他的當選代表一個美國政治的轉捩點？還值得進一步的觀察，這應該要等到美國期中選舉的時候才看得清楚。除了期中選舉，接下來這一百天也將會非常的重要，川普與習近平現在表面上看起來他們還滿喜歡對方的，不過呢，中國在此同時已經提出了一百天的行動計畫，因此他們要能夠說到做到需要有一些實際的成果才行。我相信這個除了需要對川普有交代，還要對他的選民有交代，因此中國應該會派出很多的貿易代表團，可能會帶著一些錢來進行投資，我相信譬如說以後期中選舉兩黨角逐比較激烈的地方，中國應該會想要幫川普一些忙，在老工業州進行投資增加就業機會。

江宜樺董事長：

好的，剛才這個朋友提出的問題，他是想問說俄羅斯在中美關係當中會扮演什麼樣的角色。換句話說，到底俄羅斯會比較站在中國這邊還是美國這邊？一旦中美出現對峙的情況，到底俄羅斯會是中國還是美國的盟友？

福山教授：

我想短期之內，俄國會比較傾向跟中國做朋友，而不是美國，為什麼呢？因為中國也好、俄羅斯也好，他們都不喜歡美國干預他們的內政、干預他們所在地區的事務，所以他們在聯合國安理會有很多的合作。

江宜樺董事長：

那麼一帶一路呢？

福山教授：

是的，他們還是有競爭，其實有些是看不到的，譬如說在蒙古，他們用的鐵軌的尺寸是一千五百釐米，和中國的是不一樣的。假如中國的一帶一路要推廣到西伯利亞、蒙古，那你鐵軌的軌道尺寸要用哪一種？

朱雲漢院士：

其實現在中國正在研發一種新型動車組，車輪可以伸縮，可以在不同軌寬上行駛，可以解決這樣的問題。

第8問：川習會後中國可能成為中美關係中的主導方嗎？臺灣該如何在新中美關係中取得正當地位？川習會後對中國模式、美國模式的看法為何？

我是國立政治大學的學生，有兩個問題想請教，第一個問題是，實際上，在今天的會議一開始，福山教授就提到，美國與中國雙邊關係的未來會有很多的對立，也會有很多競爭和合作的可能性存在，但是在川普與習近平的會面之後，有些學者分析是，中美關係可能將由中國來扮演主導的角色，換句話說，是由中國發號施令、美國聽命行事。請問你們對於這樣的觀點有什麼看法？還有，到底臺灣要如何在未來新的中美關係中取得具正當性的地位？

第二個問題要請教朱雲漢教授，我看過您的書《高思在雲》，在這本書當中您提到中國模式與美國模式，請問在川習會之後，您對於之前的想法有無修正，或是在與福山教授對談之後，看法有無改變？

福山教授：

我想光是一次的高峰會，不需要做過度的解讀，中國其實非常聰明，他們知道這個新的美國總統口無遮攔，譬如說他大放厥詞，說中國在經濟方面「強暴」了美國，基本上中國的應對之道是冷靜以對，希望跟川普建立良好的關係，這方面他們做得好像滿好的。但還有其他像是南海、北韓等等棘手的問題，這些其實才是我們要注意的，因為這些棘手的問題絕對不會靠一次高峰會就解決。其實在這次的川習會當中，我們當然不知道他們關起門來講了什麼，但我們可以知道沒有在實質的問題上達成什麼結論，所以不需要做出過度的解讀。

朱雲漢院士：

我仍然相信，無論中國模式還是美國模式，它們在未來就是會互相競爭。川普的勝選實際上是確認了未來這種競爭的態勢。我要特別強調的是，有很多的條件仍然是對美國有利，這是不能低估的。譬如說美國就地緣政治環境來講，它有兩大洋阻隔，是相對安全而且擁有很多軍事盟邦。但中國在周邊就有很多，老實說是不容易應付的鄰國。另一方面，美國有很好的創新能力、很多的世界頂尖學術機構與智庫，在所有OECD國家當中，它的勞動市場是最靈活的，而且美元在可預見的將來仍然是全球的外匯準備貨幣、英文也仍然是世界通行的語言，這是美國重要的軟實力。不過我比較擔心的是，第一，整個西方世界的力量將會逐漸式微，而且因為美國國內的一些因素，美國會越來越採取戰略收縮的政策。即便是在川普之前，我們都已經可以觀察到這樣的跡象，譬如說，國會議員想要刪減聯邦政府補助學校教授外語課程的相關經費，這樣是不是能夠讓他們年輕的下一代來跟其他國家進行有效的溝通呢？外語的培訓非常重要，但是他們卻要刪除這樣的預算。而且他們也沒有意願進一步地去鞏固或強化國際社會的多邊機制，像是WTO或者是聯合國的體系。另外，在美國的國會山莊有很多政治人物他們其實是非常短視淺見的。當然我們還要繼續觀察，到底川普政府要刪減的這些預算是不是有像他們說的這麼的嚴重，我希望不要。因為川普表示要刪減國務院百分之三十的預算，他也表示要停止所有國務院推廣民主與法治的計畫經費、準備砍掉能源部的預算；只要是跟氣候暖化有關的研究計畫要完全取消，類似這樣的預算刪減計畫，讓我感到非常的憂心。不過不要忘了，中美之間的競爭是長期的競爭，換句話說，我們還要繼續觀察才能知道結果。

福山教授：

提到外交政策，跟國內政策是很不一樣的，大部分的美國人其實對外交政策沒有很明確的立場，除非像是九一一事件，國內受到恐怖攻擊這種，他們才會有比較明確的立場。換句話說，不同的總統上任會有不同的外交政策，當然川普很可能只是個特例，像是期中選舉，如果他的政黨大輸特輸，這時候呢，就有人能夠來取代他過去的這個外交政策。譬如說在越戰期間，很多的美國人想要採取鎖國政策，但另一方面，雷根總統是信奉國際主義的，他說服了他同黨的政治人物說美國必須要積極的參與國際事務。所以完全要看誰在外交政策上發號施令，要看是哪一任的美國總統來決定。

江宜樺董事長：

顯然福山教授一直對美國的民主制度充滿信心。

第9問：民主和平論是否可解決中美關係的問題？中國民主化是否對和平有幫助？

我的問題是，「民主和平論」是不是可以套用在中美的雙邊關係上？因為美國不斷敦促中國民主化，美國非常關切中國的人權問題。可是感覺上，中國並不喜歡其他國家來干預中國的內政。根據相關的理論，兩個民主國家比較不會有衝突出現，換句話說，如果中國民主化，是否就可以避免和其他國家的衝突或是去武力統一臺灣？如果中國民主化，對世界和平是不是有所幫助呢？

福山教授：

你剛剛提到的民主和平理論，其實我不認為在所有國家都是適用的。像是印度跟巴基斯坦，你看他們都是民主國家，卻衝突不斷。所以只要看亞洲我們就知道這樣的理論是行不通的。像是我們看韓國與日本，他們都是很不錯的民主國家，但他們彼此卻是針鋒相對的。雖然他們不會向對方宣戰，但彼此的關係一直都不是那麼好。所以並不是說民主國家就不會有衝突。

第10問：福山教授與王岐山先生究竟談了些什麼？中國可能會有改革嗎？

我是一個投資人。之前我曾讀到一則資訊：幾年前，有人提到說您跟王岐山有過一番對話。您好像在那次的對話當中詳細地闡述了法治的概念，我想確認您是否與他有這樣的對話？和他對話的感覺是什麼？未來的中國共產黨與國務院是否有可能有進一步的改革呢？

福山教授：

我不會說那是一次對話，我是去那邊聽講的，事實上我是去聽教的。等於他在說教我在聽，也許我們私底下再來討論這個問題好不好？因為我不能夠在公開的場合談論我們在那時候見面所聊的事情。

江宜樺院長：

那麼關於第二個問題，中國共產黨與中國的政府未來是否有可能進行進一步的改革嗎？不論你說他是在對你說教也好、或者你們有對話也好，你的感覺是什麼？

福山教授：

習近平認為中國的未來不能夠沒有中國共產黨，畢竟中國有十三億人口，他們覺得這個泱泱大國不可能沒有中國共產黨，所以他們所想所做的，都是如何去維持中國共產黨的統治地位。

第11問：民主在中國的發展為何？是否會影響東亞秩序？

我的問題和前面那位先生後半的問題有點關係，您認為民主在中國的發展為何？您覺得會發生中國形式的民主還是會發生美國形式的民主呢？這樣的發展對東亞地區的秩序影響為何？

福山教授：

基本上，我不認為中國在近期內可以民主化。我覺得比較可行的做法是他們也許可以去追隨一些歐洲國家的道路，就是在民主之前先建立法治。在近期內，我們可以去思考，這個國家，像是臺灣，我們也曾看到國民黨一黨獨大，讓其他政黨很難能夠有機會治理國家，但是在中國的情況是更為極端。政黨跟國家的體制幾乎完全沒有辦法分離，如果你把國家交給另一個政黨，這個政黨如何有辦法來管理、統治這個國家（中國）？這是我無法想像的。因此我認為我們應該先增加法治的基礎，讓政黨可以受到法治的管轄，在這樣的前提之下，才能夠有後續您所提到的民主發展。對我來說現在很難去想像近期之內中國會走向民主化的道路。

朱雲漢院士：

我想要稍微回應一下福山教授最後的發言，您在最近的著作中提到如果沒有優質的國家就沒有優質的民主，我覺得這是非常精闢的觀察，我也同意您的看法。對中國來說，法治建設與現代化國家建設非常重要，例如如何讓國家機構內部有一定的制衡，監察的制度，有防止濫權的自我節制機制，能夠有這樣的機制存在，我覺得可能比民主化更為重要。事實上這個優先順序也適用於任何新興的民主政體。我們應該要肯定您強調這樣一個概念，也就是把「國家」再次找回來，成為比較政治的核心概念，我認為這是很中肯的看法。國家在早期曾經是政治學核心概念，但在民主化理論流行的階段，被冷落了，現在又重新提到國家體制建設的重要性，這要歸功您的貢獻。

結語

江宜樺董事長：

我們今天的問答時間到此告一段落，感謝兩位貴賓帶來這麼精采的對話，以及現場這麼多來賓帶來的精闢問題。我也要感謝我們馬英九前總統今天蒞臨參加我們的討論。在各位離席之前，我要提醒大家，長風文教基金會在近期還會舉辦許多重要的活動，包括研討會、演講還有對談，我們會盡可能讓大家得知活動訊息，也歡迎大家參與長風文教基金會的後續活動。謝謝大家的參加以及我們所有志工跟同仁的協助，謝謝！

＊本書內容整理自：

【長風講座】從歷史的終結到民主的崩壞——法蘭西斯・福山

時間：二〇一七年四月十四日～二〇一七年四月十五日

地點：張榮發基金會國際會議中心

歷史大講堂

從歷史的終結到民主的崩壞：法蘭西斯．福山講座

2018年8月初版　　定價：新臺幣320元

編者	長風文教基金會
叢書編輯	黃淑真
校對	吳淑芳
內文排版	極翔企業有限公司
封面設計	黃宏穎
編輯主任	陳逸華

出版者	聯經出版事業股份有限公司
地址	新北市汐止區大同路一段369號1樓
編輯部地址	新北市汐止區大同路一段369號1樓
叢書編輯電話	(02)86925588轉5322
台北聯經書房	台北市新生南路三段94號
電話	(02)23620308
台中分公司	台中市北區崇德路一段198號
暨門市電話	(04)22312023
台中電子信箱	e-mail：linking2@ms42.hinet.net
郵政劃撥	帳戶第0100559-3號
郵撥電話	(02)23620308
印刷者	文聯彩色製版印刷有限公司
總經銷	聯合發行股份有限公司
發行所	新北市新店區寶橋路235巷6弄6號2樓
電話	(02)29178022

總編輯	胡金倫
總經理	陳芝宇
社長	羅國俊
發行人	林載爵

行政院新聞局出版事業登記證局版臺業字第0130號

本書如有缺頁，破損，倒裝請寄回台北聯經書房更換。　ISBN 978-957-08-5168-7 (平裝)
電子信箱：linking@udngroup.com

國家圖書館出版品預行編目資料

從歷史的終結到民主的崩壞：法蘭西斯・福山講座/
長風文教基金會編．初版．新北市．聯經．2018年8月（民107年）．
192面．14.8×21公分（歷史大講堂）
ISBN 978-957-08-5168-7（平裝）

1.政治 2.言論集

570.7 107013478